BEI GRIN MACHT SICH IHR
WISSEN BEZAHLT

- Wir veröffentlichen Ihre Hausarbeit,
  Bachelor- und Masterarbeit

- Ihr eigenes eBook und Buch -
  weltweit in allen wichtigen Shops

- Verdienen Sie an jedem Verkauf

Jetzt bei www.GRIN.com hochladen
und kostenlos publizieren

Christoph Treude

Elektronisches Geld

GRIN Verlag

Bibliografische Information der Deutschen Nationalbibliothek:

Die Deutsche Bibliothek verzeichnet diese Publikation in der Deutschen National-
bibliografie; detaillierte bibliografische Daten sind im Internet über http://dnb.d-
nb.de/ abrufbar.

Dieses Werk sowie alle darin enthaltenen einzelnen Beiträge und Abbildungen
sind urheberrechtlich geschützt. Jede Verwertung, die nicht ausdrücklich vom
Urheberrechtsschutz zugelassen ist, bedarf der vorherigen Zustimmung des Verla-
ges. Das gilt insbesondere für Vervielfältigungen, Bearbeitungen, Übersetzungen,
Mikroverfilmungen, Auswertungen durch Datenbanken und für die Einspeicherung
und Verarbeitung in elektronische Systeme. Alle Rechte, auch die des auszugsweisen
Nachdrucks, der fotomechanischen Wiedergabe (einschließlich Mikrokopie) sowie
der Auswertung durch Datenbanken oder ähnliche Einrichtungen, vorbehalten.

Impressum:

Copyright © 2005 GRIN Verlag GmbH
Druck und Bindung: Books on Demand GmbH, Norderstedt Germany
ISBN: 978-3-638-66659-6

GRIN - Your knowledge has value

Der GRIN Verlag publiziert seit 1998 wissenschaftliche Arbeiten von Studenten, Hochschullehrern und anderen Akademikern als eBook und gedrucktes Buch. Die Verlagswebsite www.grin.com ist die ideale Plattform zur Veröffentlichung von Hausarbeiten, Abschlussarbeiten, wissenschaftlichen Aufsätzen, Dissertationen und Fachbüchern.

Besuchen Sie uns im Internet:

http://www.grin.com/

http://www.facebook.com/grincom

http://www.twitter.com/grin_com

Universität Siegen

Fachbereich 12 – Elektrotechnik und Informatik

Seminararbeit

Elektronisches Geld
(Informatik und Gesellschaft)

Christoph Treude

Inhalt

Zusammenfassung: Aufgrund der starken Zunahme von Geschäften im Internet wird nach Möglichkeiten gesucht, auch die Bezahlvorgänge kostengünstig per Internet durchzuführen. Die momentan meist verwendeten Verfahren Kreditkarte, Lastschrift und Rechnung weisen diverse Nachteile auf, insbesondere die fehlende Anonymität ist ein Ansatzpunkt zur Entwicklung neuer Methoden der Zahlungsabwicklung. Elektronisches Geld stellt in diesem Bereich eine innovative Alternative dar, die versucht, die Eigenschaften von herkömmlichem Bargeld auf Softwarebasis in elektronischen Münzen nachzubilden. Obwohl viel versprechende Ansätze existieren, wurden die ersten Prototypen von den potentiellen Nutzern nicht in hinreichendem Ausmaß angenommen. Die Gründe für diese mangelnde Akzeptanz, die eine breite Einführung bislang verhindert, sind oft trivial und erweisen sich bei genauer Betrachtung als wenig stichhaltig, vor allem, wenn man sie gegen die Nachteile der gegenwärtig vornehmlich eingesetzten Verfahren aufrechnet.

1 Einleitung

"While many people are focused on making computers do more, a few of us are focused on technology for ensuring that there are certain things computers will not do, such as invade your privacy."

– David Chaum[1]

Das vorstehende Zitat des Kryptographen David Chaum stellt die aktuelle Situation im Bereich von Zahlungssystemen im Internet sehr prägnant dar. Es werden laufend neue Möglichkeiten entwickelt, im WWW Geld auszugeben, und parallel dazu entstehen viele neue Möglichkeiten zur Zahlungsabwicklung, die das Bezahlen bequemer, schneller und billiger machen sollen. Auf der anderen Seite steht der vielzitierte "gläserne Kunde", der Unmengen von Spuren beim Einkaufen im Internet hinterlässt und damit die Erstellung von umfassenden Kundenprofilen ermöglicht. Diese Schwäche fast aller momentan eingesetzten Zahlungssysteme im Internet adressieren nur sehr wenige der neuen Ansätze, Stichworte wie anonymes Einkaufen hört man eher selten. Und wenn doch, so handelt es sich meist um Prototypen, die nach einer kurzen Testphase aufgrund mangelnder Nachfrage wieder vom Markt verschwinden.

Genau hier liegt das entscheidende Problem neuartiger Zahlungssysteme, die sich in erster Linie auf Eigenschaften wie Anonymität spezialisiert haben. Es finden sich nur wenige Kunden, die bereit sind, ihre Zahlungsmethoden zu überdenken und neue Systeme auszuprobieren. Dafür sind zwei Gründe anzuführen: Zum einen ist der Mehraufwand für die Nutzung neuer Methoden teilweise erheblich, zum anderen fehlt in der Gesellschaft das Bewusstsein für die fehlende Anonymität, die die derzeit eingesetzten Verfahren bieten, sowie für die damit verbundenen Risiken.

Die vorliegende Arbeit beschäftigt sich mit einer spezifischen neuen Zahlungsmethode, dem elektronischen Geld. Darunter versteht man Systeme, bei denen Bargeld in elektronische Form umgewandelt und die entstandene Bitfolge zum Bezahlen benutzt wird. Wie bei Bargeld-Transaktionen bleiben Kunden bei Benutzung dieser Methode beim Zahlungsvorgang anonym.

---

[1] Aus [25].

Im folgenden Kapitel wird zunächst auf Zahlungssysteme im Internet eingegangen und das in dieser Arbeit vorgestellte elektronische Geld in den Gesamtzusammenhang gestellt. Außerdem wird erläutert, welche Motivationen hinter der Entwicklung von elektronischem Geld stehen. In Kapitel 3 werden die Anforderungen an Zahlungssysteme im Internet vorgestellt. Besonders ausführliche Betrachtung finden dabei Anonymität und Kopierschutz, dazu werden jeweils auch Lösungen in Form von Algorithmen erläutert. Das Kapitel grenzt außerdem Anforderungen potentieller Händler ab.

Kapitel 4 stellt zwei Verfahren vor, die zum Bezahlen mit elektronischem Geld entwickelt und als Prototypen eingesetzt wurden. Diese Systeme haben sich jedoch nicht durchgesetzt, mögliche Gründe für die mangelnde Akzeptanz durch die Gesellschaft werden in Kapitel 5 ausführlich dargelegt. Dabei wird unter anderem am Beispiel der versuchten ecash-Einführung durch die Deutsche Bank 24 erläutert, welchen Hürden eine breite Akzeptanz und Verwendung elektronischen Geldes im Moment noch gegenübersteht. Das Kapitel schließt eine Beurteilung des Verhaltens potentieller Nutzer ein und stellt ferner Möglichkeiten zur Akzeptanzerhöhung vor. Das letzte Kapitel bietet abschließend eine Zusammenfassung der Arbeit sowie einen Ausblick auf die Zukunft von elektronischem Geld.

2 Abgrenzung

Dieses Kapitel stellt das in der vorliegenden Arbeit betrachtete elektronische Geld in den Gesamtzusammenhang. Zu diesem Zweck werden unterschiedliche Zahlungssysteme im Internet betrachtet und kategorisiert, darauf aufbauend wird eine Definition für elektronisches Geld gegeben. Abschnitt 2.3 stellt schließlich dar, welche Gründe es gibt, die breite Einführung von elektronischem Geld zu forcieren.

2.1 Zahlungssysteme im Internet

Das Internet zeichnet sich gegenwärtig durch eine Vielzahl von Zahlungssystemen aus, von denen Händler und Kunden Gebrauch machen, ein dominierendes System ist nicht zu erkennen. Es werden laufend neue Systeme entwickelt, die sich stark voneinander unterscheiden und teilweise nur in Verbindung mit bestimmten Händlern eingesetzt werden können. Das System PayPal beispielsweise ist ein Prepaid-System, das in erster Linie für die Bezahlung von ersteigerten Artikeln beim Online-Auktionshaus ebay entwickelt wurde und die Bezahlung per eMail erlaubt (vgl. [36]). Auf der anderen Seite wird mit SET ein Standard entwickelt, der das sichere Bezahlen mit Kreditkarte ermöglicht und zusätzlich dem Händler das Zahlungsrisiko nimmt (vgl. [1]).

Historischer Überblick

Im Zuge des selbstorganisierten Wachstums des Internet spielte das für Zahlungsvorgänge essentielle Thema Datensicherheit lange Zeit praktisch keine Rolle. Bevor das WWW mit Beginn der neunziger Jahre zunehmend kommerziell genutzt wurde legten die Entwickler der Internet-Technik keinen Wert darauf, Daten sicher zu übertragen. In der Anfangsphase kam es vielmehr darauf an, dass Datenpakete ihre Ziele überhaupt erreichten, viele der etablierten Internet-Protokolle wie IP sind daher unsicher.

Erst seit Mitte der neunziger Jahre werden verschiedene Anstrengungen unternommen, Sicherheit im Internet zu etablieren. Dazu gehören auch die Versuche, die eine sichere Bezahlung im Internet ermöglichen sollen. Das Hauptaugenmerk liegt dabei auf dem Bezahlen per Kreditkarte sowie dem in dieser Arbeit vorgestellten elektronischen Geld. Die Zahlung per Kreditkarte hat sich – im Gegensatz zu elektronischem Geld, das den Prototyp-Status noch nicht überwunden hat - bereits in großem Umfang etabliert[2], die Übertragung der notwendigen Daten wird mit Hilfe von sicheren Protokollen wie SSL abhörsicher gemacht. Eine auf diese Art und Weise verschlüsselte Übertragung wird inzwischen auch von den Kreditkartenfirmen Visa und Mastercard gebilligt, die jahrelang vor dem Preisgeben der Daten im Internet gewarnt hatten (vgl. [1]).

Daneben gibt es Systeme, bei denen eine dritte Partei neben Händler und Kunden an der Abwicklung einer Zahlung beteiligt ist. Diese dritte Partei ist dann für die Verwaltung, den Schutz und die Verifizierung der entsprechenden Daten zuständig, Beispiele sind die Systeme der Firmen FirstVirtual[3] und Cybercash[4].

Der Großteil der Internet-Benutzer wickelt finanzielle Transaktionen, die im Zusammenhang mit dem Internet stehen, nach wie vor über Systeme ab, die bereits vor dem Internet existierten und auch außerhalb des WWW eingesetzt werden. Dazu zählen neben der schon erwähnten Kreditkarte die klassische Rechnung, das Lastschriftverfahren oder der Bankeinzug. Bezahltechniken, die erst durch das Internet möglich wurden, sind hingegen kaum im Einsatz. Das ist jedoch lediglich der Status quo, Entwicklungen im Zusammenhang mit dem Internet haben in den letzten Jahren gezeigt, dass sich Gewohnheiten dieser Art durch die Verbreitung neuer Technologien rasch ändern können.

Langfristig sind außerdem Systeme denkbar, die auf Chipkarten-Basis arbeiten. Dazu ist ein zusätzlicher Kartenleser neben dem PC notwendig, der Chipkarten ausliest, die Geld in elektronischer Form speichern. In letzter Zeit ist darüber hinaus das System Paybox im Gespräch, dieses System verbindet mehrere Medien untereinander und ermöglicht auf diese Weise das Zahlen per Handy. Nach einem getätigten Kauf im Internet wird per Handy eine Bestätigung für die Transaktion eingeholt, es ist also eine zusätzliche Sicherung gegen einen möglichen Betrug vorhanden (vgl. [28]).

Ein Punkt, der bei Transaktionen im Internet oft im Vordergrund steht, sind sehr kleine Geldbeträge. Gerade im Internet könnten Beträge im Cent-Bereich oder gar darunter für das Ansehen eines Bildes, eines Artikels, etc. verlangt werden (pay-per-view), wenn sich eine Technik etablieren würde, die einen Transfer dieser Beträge zu angemessenen Kosten ermöglichen würde. Für diesen Bereich sind momentan viele Systeme in der Planung und Entwicklung, die jedoch alle den Prototyp-Status noch nicht überwunden haben. Eine eventuelle Markttauglichkeit und Durchsetzungsfähigkeit kann daher noch nicht prognostiziert werden (vgl. [34]).

---

[2] In den USA ist die Zahlung per Kreditkarte im Internet deutlich stärker verbreitet als in Deutschland. Aber auch hierzulande nimmt die Zahl der Transaktionen, die per Kreditkarte getätigt werden, zu.
[3] www.firstvirtual.com
[4] www.cybercash.com

Kategorien von Zahlungssystemen

Es gibt mehrere Möglichkeiten, Zahlungssysteme im Internet zu kategorisieren. Im Folgenden wird als Abgrenzungskritierium der Zahlungszeitpunkt gewählt, da dieser sich erheblich auf die Akzeptanz durch potentielle Nutzer auswirkt (vgl. Kapitel 5).

- Zahlung vor Kauf: Bei dieser Methode muss bereits vor dem Kauf herkömmliches Geld in elektronische Äquivalente umgetauscht werden. Diese Äquivalente werden dann zwecks Transaktionsabwicklung an den Händler gesandt[5]. Der Kunde hat also sein Vermögen mindestens auf zwei Konten verteilt: ein Teil liegt auf dem herkömmlichen Bankkonto, ein Teil liegt in elektronischer Form auf einem entsprechenden Konto vor. Spontane Käufe sind somit nur möglich, wenn der Transfer vom herkömmlichen auf das elektronische Konto innerhalb von Sekunden erfolgen kann. Beispiele für solche vorausbezahlten Systeme sind die in Kapitel 4 vorgestellten Systeme eCash und NetCash.

- Zahlung beim Kauf: Hier findet die Zahlung exakt zum Kaufzeitpunkt statt. Beispiel ist die Lastschrift, hier bekommt der Händler zum Zahlungszeitpunkt das Recht eingeräumt, einen bestimmten Betrag zu erhalten. Im Bereich neuerer Zahlungssysteme zählt die oben beschriebene Paybox-Technologie zu diesen so genannten Pay-Now-Systemen.

- Zahlung nach Kauf: Bei diesen Systemen sind die Händler mit dem Zahlungsausfallrisiko konfrontiert, da die Zahlung erst nach dem Kauf stattfindet. Bekanntestes Beispiel ist die Zahlung per Kreditkarte, das Geld wird hier erst nachträglich abgebucht und der Händler trägt das Risiko, dass der Betrag nicht gedeckt ist.

2.2   Abgrenzung von elektronischem Geld

Die Begrifflichkeiten im Zusammenhang mit elektronischem Geld im Internet sind nicht immer klar getrennt. So werden digitales Geld, elektronisches Geld, eCash oder eMoney oft synonym verwendet. Im Folgenden wird daher eine Definition für elektronisches Geld gegeben, an der sich diese Arbeit orientiert.

Definitionen

Elektronisches Geld steht für in elektronische Form umgewandeltes Bargeld. Es handelt sich also um Datenpakete mit einem bestimmten, weithin akzeptierten Wert, die praktisch gesehen gleichwertig zu einem gesetzlichen Zahlungsmittel zu betrachten sind (vgl. [39]). Um elektronisches Geld zu erhalten, wird eine Bitfolge erzeugt, die einem bestimmten Geldwert entspricht. Diese Bitfolge kann daraufhin zwischen Kommunikationspartnern eingesetzt werden und bei den teilnehmenden Banken wieder in herkömmliches Geld zurückgetauscht werden (vgl. [38]).

---

[5] Der Einfachheit halber wird für die gesamte vorliegende Arbeit davon ausgegangen, dass ausschließlich Transaktionen vorliegen, bei denen ein Kunde Geld an einen Händler zahlt. Durch entsprechendes Umbenennen der Rollen lässt sich dies natürlich ohne weiteres auf Zahlungen zwischen Kunden, Zahlungen zwischen Händlern oder Zahlungen eines Händlers an einen Kunden erweitern.

Gemäß dieser Definition zählen auch die so genannten Smart Cards zu elektronischem Geld, also Systeme, die zusätzliche Hardware benötigen. Die reinen Software-Lösungen werden, um sie von Smart Cards abzugrenzen, oft als "echtes" elektronisches Geld bezeichnet. Die vorliegende Arbeit beschäftigt sich ausschließlich mit diesen "echten" Systemen, die lediglich auf Software beruhen.[6]

In Anlehnung an [45] werden im Folgenden kurz weitere Begriffe definiert:

- eMoney beinhaltet zusätzlich zu elektronischem Geld (E-Cash) bargeldlose Zahlungsformen wie Schecks oder Kreditkarten.

- Digitales Geld ist in digitale Einheiten umgewandeltes Geld. Dazu zählen neben dem elektronischen Geld Wertkarten wie Telefon- oder Kopierkarten.

- eCash[7] bezeichnet das von der Firma DigiCash entwickelte System zur Abwicklung von Transaktionen mit elektronischem Geld, das in Abschnitt 4.2 vorgestellt wird.

2.3 Motivationen für elektronisches Geld

Die Tatsache, dass überhaupt über die Entwicklung von elektronischem Geld nachgedacht wird, erklärt sich durch diverse Nachteile der Verfahren, die momentan zum Bezahlen im Internet eingesetzt werden.

Schwächen bisheriger Systeme

Das Hauptproblem bei der Anwendung herkömmlicher Zahlungsmethoden im Internet stellt die fehlende Anonymität dar. Jedes Unternehmen kann problemlos unterschiedliche Transaktionen eines Kunden miteinander verknüpfen und auf diese Weise umfassende Kundenprofile erzeugen. Während in diesem Fall der Kunde eventuell noch den Überblick hat, welchem Unternehmen er welche Daten gegeben hat, so verliert er spätestens dann die Kontrolle über seine Daten, wenn die Kundenprofile zwischen unterschiedlichen Unternehmen ausgetauscht und zusammengeführt werden.

Vonseiten der Händler besteht darüber hinaus ein Interesse an einer kostengünstigen Abrechnungsmethode für Beträge im Cent-Bereich. [45] nennt die Finanzierung von Informationsangeboten als potentielles Anwendungsgebiet. Beispiele dafür stellen der Download von Bildern und Musik sowie die Zahlung nur von tatsächlich gelesenen Artikeln einer Zeitung dar. Angebote dieser Art werden bisher entweder durch eine notwendige Registrierung der Benutzer oder durch Werbebanner finanziert. Um diese Informationsangebote in Zukunft kostendeckend und ohne zusätzlichen Aufwand im Internet zur Verfügung stellen zu können, ist eine Lösung für diese so genannten Micropayments (Zahlungen im Cent-Bereich) nötig.

Außerdem besteht bei den momentan überwiegend verwendeten Zahlungsmethoden aus Händlersicht immer die Gefahr, dass Kunden falsche Kreditkartendaten angeben oder eine Rechnung nicht bezahlt wird. Händler sehen sich also einem nicht zu unterschätzenden Ausfallsrisiko gegenüber. Außerdem weisen die meisten

---

[6] Der Unterschied ist teilweise nicht so groß, wie es zunächst den Anschein hat. Das in Kapitel 4 vorgestellte System eCash beispielsweise ist sehr eng mit dem Chipkarten-Zahlungssystem CAFE verwandt (vgl. [6], Seite 37).
[7] eCash im Gegensatz zu E-Cash. Ersteres ist ein eingetragener Markenname, letzteres steht allgemein für elektronisches Geld.

Zahlungsverfahren Sicherheitsmängel auf. So stellt die verschlüsselte Übermittlung der Kreditkartendaten oder Kontodaten für einen Bankeinzug lediglich einen Kompromiss dar, von dessen Inanspruchnahme nach wie vor vereinzelt abgeraten wird.

Herkömmliches Bargeld besitzt keine der hier aufgeführten Schwächen. Die Bezahlung erfolgt vollkommen anonym, Zahlungen im Cent-Bereich stellen keine Probleme dar und Händler tragen keinerlei Zahlungsausfallrisiko. Aus diesem Grund wird seit einigen Jahren versucht, die Eigenschaften von Bargeld elektronisch nachzubilden und somit elektronisches Geld zu erzeugen.

3 Anforderungen

In diesem Kapitel sollen die Anforderungen erläutert werden, die an elektronisches Geld gestellt werden. Auf die Anforderungen Anonymität und Kopierschutz wird ausführlicher eingegangen. Dazu werden jeweils Mechanismen vorgestellt, die das Erfüllen dieser Anforderungen ermöglichen. Außerdem werden die Anforderungen potentieller Händler separat dargestellt.

3.1 Anonymität

Anonymität ist eine der wichtigsten Eigenschaften von herkömmlichem Bargeld. Es ist für den Händler nicht möglich, unterschiedliche Transaktionen eines Kunden miteinander in Verbindung zu bringen, wenn diese mit Hilfe von Bargeld abgewickelt wurden. Im Internet hingegen wird zurzeit nur vereinzelt anonym bezahlt, bei Zahlungen mit Kreditkarte oder Bankeinzug gibt der Käufer viele Informationen preis.

Problem

Die zunehmende Nutzung des Internet nimmt dem Kunden die Kontrolle über ihre Daten. Unternehmen sammeln Informationen, die sie von Kunden direkt oder indirekt erhalten, verarbeiten diese zu Kundenprofilen und tauschen sie mit anderen Unternehmen aus, ohne dass die Kunden wissen, ob die Informationen über sie vielleicht veraltet oder gar falsch sind. Falsche Informationen können dazu führen, dass Kunden von bestimmten Diensten ausgeschlossen werden ohne je den Grund dafür zu erfahren.

Der Einsatz von PCs spielt bei der Auswertung von Informationen über Kunden eine wichtige Rolle. Mit ihrer heutigen Leistungsfähigkeit stellen PCs ein umfassendes Werkzeug bereit, um die Informationen über Kunden auszuwerten und daraus Erkenntnisse zu gewinnen, indem Verbindungen zwischen Transaktionen bei unterschiedlichen Unternehmen hergestellt werden (vgl. [8]). Die klassischen Zahlungsformen, die im Internet Anwendung finden, sind ausnahmslos nicht geeignet, Anonymität der Kunden zu gewährleisten. Vielmehr ermöglicht der Kunde durch Eingabe seiner Kreditkartendaten oder seiner Bankverbindung nicht nur eine Verbindung seiner Transaktionen, sondern gibt zusätzlich Informationen über seine Bankgeschäfte preis.

Bargeld hingegen erfüllt die Forderung nach Anonymität. Bei elektronischem Geld sollen die Eigenschaften von Bargeld nachgebildet werden, die im folgenden Abschnitt vorgestellte Lösung ermöglicht es, Einkäufe völlig anonym zu erledigen.

Lösung

Elektronisches Geld besteht im Wesentlichen aus Münzen (repräsentiert durch eindeutige Bitfolgen), die zum Bezahlen vom Kunden an den Händler verschickt werden. Diese Münzen müssen eindeutig sein, um Kopierschutz zu gewährleisten bzw. Kopien zumindest erkennen zu können (vgl. Abschnitt 3.2). Der Kunde erhält elektronische Münzen, indem er bei einer Bank oder einer ähnlichen Institution herkömmliches Geld in Münzen umwandeln lässt. Dabei bekommen die von der Bank geprägten Münzen eindeutige Nummern und werden mit einer digitalen Signatur versehen, mit der ihre Echtheit nachgewiesen wird.

Führt die Bank Buch darüber, wer welche Münze im Tausch gegen herkömmliches Geld erhalten hat und von wem diese Münze anschließend wieder eingetauscht wurde, so ist sie in der Lage, den Weg der Münze nachzuvollziehen und auf diese Weise Kundenprofile zu erstellen.

Der Kryptograph David Chaum hat mit den so genannten blinden Signaturen eine Lösung für das oben beschriebene Problem entwickelt (vgl. [8]). Blinde Signaturen stellen eine Ausprägung digitaler Signaturen dar. Zum besseren Verständnis werden sie meist anhand der Analogie von Briefumschlägen erklärt, dies soll auch hier im Folgenden geschehen.

In der Ausgangssituation schreibt der Kunde eine zufällig gewählte Seriennummer auf ein Blatt Papier und steckt es zusammen mit einem Blatt Durchschlagpapier in einen Briefumschlag. Dieser Umschlag wird der Bank zugesendet mit der Anweisung, auf das enthaltene Papier einen bestimmten Wert, z.B. 5 €, zu prägen sowie es zu signieren.

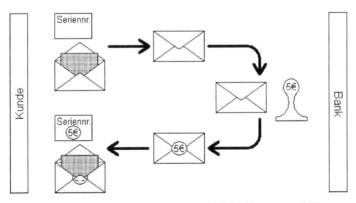

Abbildung 1   Veranschaulichung von blinden Signaturen, vgl. [8]

Die Bank hat für jeden möglichen Münzwert einen Signaturstempel. Ist ein Papier mit dem 5 €-Signaturstempel der Bank geprägt, so ist dieses Papier zum einen 5 € wert, zum anderen ist seine Echtheit durch die Signatur gewährleistet. Die Bank stempelt jetzt allerdings nicht das Papier sondern den Umschlag; durch das Durchschlagpapier ist sichergestellt, dass der Stempel anschließend auch auf dem Papier ist. Auf diese Weise hat die Bank das mit der Seriennummer beschriebene Papier zu einer gültigen 5 €-Münze erklärt, ohne das Papier und damit die Seriennummer gesehen zu haben (vgl. Abbildung 1). Die Bank kann also, wenn ein Händler die Münze wieder in herkömmliches Geld umtauschen will, nicht feststellen, von wem die Münze ausgegeben wurde. Der Kunde hat eine gültige Münze, deren Seriennummer ausschließlich er selbst kennt, sie kann beim Ausgeben nicht mit ihm in Verbindung gebracht werden.

Technisch umgesetzt werden blinde Signaturen mit Hilfe des RSA-Algorithmus. Die Bank besitzt für jeden Münzwert einen öffentlichen Schlüssel e und einen privaten Schlüssel d sowie den öffentlichen Wert n, diese Werte werden gemäß RSA erzeugt. Der Kunde hat eine Münze mit der zufällig erzeugten Seriennummer m, die er von der Bank mit einem bestimmten Wert ausgezeichnet und signiert haben möchte, ohne dass die Bank den Wert m erfährt.

Dazu generiert der Kunde eine weitere Zufallszahl k, deren Wert zwischen 1 und n liegt, und erzeugt eine Nachricht t, die an die Bank geschickt wird, indem er $t = k^e m \bmod n$ bildet. Die Bank signiert daraufhin t durch Potenzieren mit dem privaten Schlüssel d und schickt das Ergebnis t^d zurück an den Kunden. Dieser dividiert die erhaltene Nachricht durch k und erhält die Nachricht s wie folgt: $s = t^d/k \bmod n = (k^e m)^d/k \bmod n = k^{ed} m^d/k \bmod n = m^d k/k = m^d$. Damit hat der Kunde eine signierte Münze mit der Seriennummer m vorliegen, ohne dass die Bank m gesehen hat. Nur durch die Kenntnis von k wäre es der Bank möglich gewesen, m aus t zu rekonstruieren[8]. Der Mechanismus wird in Abbildung 2 anschaulich dargestellt.

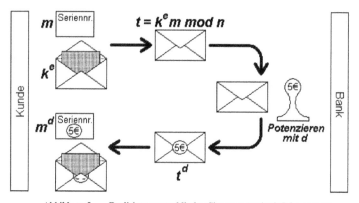

Abbildung 2   Realisierung von blinden Signaturen mittels RSA, vgl. [8]

3.2   Kopierschutz

Bei herkömmlichen Geldscheinen sind viele Mechanismen eingebaut, um ein Kopieren der Scheine zu verhindern bzw. Kopien immerhin erkennbar zu machen. Diese Mechanismen reichen von Wasserzeichen über Sicherheitsstreifen bis hin zu Hologrammen. Elektronisches Geld versucht, sämtliche Eigenschaften von Bargeld zu imitieren. Dabei hat sich der Kopierschutz als eines der schwierigsten Probleme herauskristallisiert.

---

[8] Der RSA-Algorithmus stellt sicher, dass $k^{ed} \bmod n$ immer mit k identisch ist, wenn die Werte e, d und n gemäß RSA erzeugt worden sind. Für weitere Informationen zum Thema RSA sei z.B. auf [13] verwiesen.

Problem

Bitfolgen können von jedem Benutzer problemlos vervielfältigt werden. Besitzt ein Kunde eine gültige Münze, die von der Bank signiert wurde und daher gültig ist, so muss ein System, das den Austausch von elektronischem Geld ermöglicht, sicherstellen, dass der Kunde die Münze nur genau einmal ausgeben kann. Wird die Münze nach dem ersten Versuch erneut ausgegeben, so muss dies als versuchte Fälschung zurückgewiesen werden. Aus diesem Grund wird das Problem des Kopierschutzes bei elektronischem Geld oft als Double Spending Problem bezeichnet, das Kopieren an sich kann und soll nicht verhindert werden, vielmehr muss verhindert werden, dass eine Münze mehrfach ausgegeben wird.

Darüber hinaus ist es erstrebenswert, feststellen zu können, wer versucht, eine Münze doppelt auszugeben, um gegebenenfalls – wie bei herkömmlichem Bargeld – Strafmaßnahmen einzuleiten. Tauscht ein Händler eine Münze ein, die bereits vorher eingetauscht wurde, so ist nicht gesagt, dass ein Vergehen des Händlers vorliegt. Es ist auch möglich, dass der Händler von einem Kunden eine unrechtmäßige Kopie erhalten hat und diese für eine echte und gültige Münze hält, die er eintauschen will. Lösungen zum Thema Kopierschutz sollten in der Lage sein, diese Tatsache offen zu legen.

Klassische Lösung

Die klassische Lösung, die in den meisten Prototypen, die getestet werden bzw. wurden, implementiert ist, sieht eine von der Bank verwaltete Liste vor, die Seriennummern von Münzen speichert. Dabei sind grundsätzlich zwei Vorgehensweisen denkbar:

- Die Bank speichert die Seriennummern aller Münzen, die sie signiert hat. Wenn ein Händler eine erhaltene Münze eintauschen will, so vergleicht die Bank deren Seriennummer mit allen Nummern in der Liste. Ist die Nummer vorhanden, so wird die Münze akzeptiert und der Händler bekommt den Gegenwert erstattet. Außerdem wird die Nummer aus der Liste entfernt. Ist die Nummer nicht vorhanden, so wurde die Münze bereits eingetauscht und es liegt eine Kopie vor. Die Münze wird in diesem Fall nicht akzeptiert.

- Die Bank speichert die Seriennummern aller Münzen, die bereits von Händlerseite eingelöst wurden. In diesem Fall wird genau umgekehrt vorgegangen: Will ein Händler eine Münze eintauschen, deren Nummer noch nicht in der Liste steht, wird die Münze akzeptiert und die Seriennummer der Liste hinzugefügt. Die Gültigkeit der Münze wird zuvor über die Signatur der Bank geprüft. Das Verfahren der blinden Signaturen ermöglicht es der Bank, eindeutig festzustellen, ob eine Münze von ihr signiert wurde, auch wenn die Seriennummer nicht bekannt ist. Wenn die Anwendung des zum Signaturschlüssel inversen öffentlichen Schlüssels sinnvolle Werte ergibt, so ist die Münze gültig. Steht die Nummer bereits in der Liste, so handelt es sich um den Versuch, eine Kopie einzutauschen, dieser Versuch wird abgewehrt.

Zu den beiden Verfahren muss Folgendes angemerkt werden: Es ist für Händler notwendig, die Münzen unmittelbar nach Erhalt von der Bank überprüfen zu lassen, damit sie notfalls noch zurückgewiesen werden können. Zur Abwicklung einer Transaktion ist also – im Gegensatz zur Situation bei Bargeld – neben den beiden agierenden Parteien zusätzlich das Eingreifen einer Bank notwendig. Weiterhin ist die Anwendung der im vorherigen Abschnitt beschriebenen blinden Signaturen zum Schutz der Anonymität nur im zweiten Fall möglich. Für das erste Verfahren müsste die Bank die Seriennummern aller ausgegebenen Münzen in einer Liste speichern. Dies ist aber nicht möglich, da im Zuge des blinden Signierens die Bank gar nicht erfährt, welche Seriennummern die von ihr geprägten Münzen aufweisen.

Während das zweite Verfahren also sowohl Anonymität als auch Kopierschutz bereitstellt, lässt sich trotzdem nicht erkennen, ob im Falle eines versuchten Double Spending der Händler oder der Kunde Betrug versucht hat. Im Fall des durch blinde Signaturen anonym bleibenden Kunden lässt sich dessen Identität nicht feststellen, selbst wenn er unter Verdacht steht (vgl. [32]). Eine Lösung für dieses Problem wird im nächsten Abschnitt beschrieben.

Verbesserte Lösung

Das im Folgenden erläuterte Verfahren des Secret Splitting ermöglicht es, dass eine Person genau so lange anonym bleibt, wie sie jede ihrer Münzen nur einmal ausgibt. Sobald eine Münze erneut ausgegeben wird, kann mittels beider Münzen die Identität der Person ermittelt werden.

Der Kunde erzeugt zunächst k verschiedene Bitfolgen I_k, die ihn eindeutig identifizieren. Diese Bitfolgen werden so in Paare aufgeteilt, dass die beiden zu einem k gehörenden Bitfolgen zusammengenommen den Kunden identifizieren, eine dieser Bitfolgen allein allerdings nicht auf seine Identität schließen lässt.

Die Paare I_k werden an die elektronische Münze gehängt, von der Bank überprüft und ebenfalls signiert. Will der Kunde die Münze an einen Händler übermitteln, so erhält er zunächst von dem Händler eine Selektor-Bitfolge mit k Bits. Von jedem Paar I_k übermittelt er anschließend zusammen mit der Münze genau eine Hälfte an den Händler, ist das k-te Bit der Selektor-Bitfolge positiv, wählt er die erste Hälfte, sonst die zweite. Die Signatur der Bank stellt sicher, dass ein Betrug durch den Kunden nicht möglich ist und er sich strikt an die Selektor-Bitfolge halten muss.

Wenn ein Händler bei der Bank eine Münze einreicht, die bereits ausgegeben wurde (erkennbar an der identischen Seriennummer), so vergleicht diese den angehängten Identifikationsteil der Münze mit dem entsprechenden Teil der zuvor eingelösten Münze. Sind diese Teile identisch, so liegt ein versuchter Betrug des Händlers vor, da der Kunde bei einem Kopierversuch einen anderen Identifikationsteil aufgrund einer anderen Selektor-Bitfolge gewählt hätte. Unterscheiden sich die Identifikationsteile, so hat der Kunde die Münze unrechtmäßig vervielfältigt. In diesem Fall lässt sich zusätzlich mindestens ein k finden, für das sowohl der erste als auch der zweite Teil des entsprechenden Paares I_k jetzt im Besitz der Bank ist. Mit diesem Paar wiederum wird der Kunde eindeutig identifiziert (vgl. [32]).

Zusammenfassend lässt sich also feststellen, dass weder Kunde noch Händler betrügen können. Wenn der Kunde eine Münze einmal ausgibt, so bleibt er anonym. Erst beim zweiten Ausgeben kann er identifiziert und gegebenenfalls bestraft werden. Löst hingegen der Händler eine Münze zweimal ein, so führt die Übereinstimmung der Selektor-Bitfolgen dazu, dass er des versuchten Betruges überführt werden kann.

Abschließend sei in Anlehnung an [19] noch ein Beispiel für Secret Splitting gegeben, das auf mathematischen Geradengleichungen beruht. Der Kunde generiert zunächst k verschiedene Geraden, die alle den übereinstimmenden Achsenabschnitt b aufweisen. b stellt in diesem Fall die Bitfolge dar, die den Kunden eindeutig identifiziert. Für jede der Geraden ermittelt er zwei Punkte, die auf der Geraden liegen. Jedes dieser Punktepaare bildet ein Paar I_k. Mit einem Punkt allein lässt sich der Achsenabschnitt nicht rekonstruieren, sobald aber jemand beide Punkte eines beliebigen Paares I_k erhält, kann b ermittelt und die Identität des Kunden festgestellt werden (vgl. Abbildung 3).

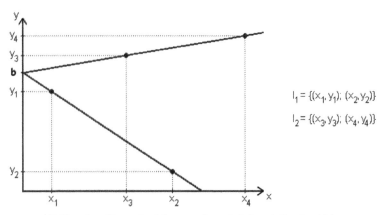

$$I_1 = \{(x_1, y_1); (x_2, y_2)\}$$
$$I_2 = \{(x_3, y_3); (x_4, y_4)\}$$

Abbildung 3   Veranschaulichung von Secret Splitting mit Geradengleichungen

3.3   Anforderungen potentieller Händler

In diesem und dem folgenden Abschnitt werden weitere Anforderungen untersucht, die an elektronisches Geld gestellt werden. Zunächst wird auf Anforderungen eingegangen, die eng mit den potentiellen Händlern in einem System verknüpft sind, bevor in Abschnitt 3.4 zusätzliche allgemeine und technische Anforderungen aufgezeigt werden.

Beweisbarkeit

Für einen Händler ist es beim Zahlungsverkehr im Internet von entscheidender Bedeutung, dass er den Bestellvorgang durch einen Kunden nachweisen kann. Hat ein Kunde nicht bestellt oder behauptet dies zumindest, muss der Händler die bestellte Ware wieder zurücknehmen, dies ist mit erheblichem Zeit- und Kostenaufwand verbunden.

Umgekehrt ist es für den Kunden wichtig, dass er eine getätigte Bezahlung nachweisen kann. Für den Fall, dass ein Händler zu unrecht eine wiederholte Bezahlung verlangt, muss der Kunde in der Lage sein, seine bereits getätigte Zahlung zu beweisen. Ein System, das elektronisches Zahlen ermöglicht, sollte also Beweisbarkeit berücksichtigen, es muss allerdings beachtet werden, dass der Beweis nicht auf Kosten der Anonymität des Kunden geführt werden darf (vgl. [12]).

- 11 -

Geringe Kosten

Ein wesentliches Problem der momentan im Internet zur Zahlungsabwicklung eingesetzten Systeme sind die Transaktionskosten. Insbesondere bei Zahlung per Kreditkarte fallen Gebühren an, die bei geringen Transaktionsbeträgen in keinem Verhältnis zum Wert der Transaktion stehen. Ein auf kleine und kleinste Beträge ausgelegtes System würde dieses Problem beheben und darüber hinaus für viele Händler die Einführung von Gebühren im Cent-Bereich z.b. für Informationsgüter, Musik oder Filme ermöglichen.[9] Die Transaktionskosten stehen in der Regel in direktem Zusammenhang zu der Skalierbarkeit eines Systems sowie dem Aufwand für die kryptographische Ver- und Entschlüsselung der Daten. Zu den Kosten gehören darüber hinaus die anfallenden Einführungs- und Betriebskosten der verwendeten Systeme (vgl. [39]).

Akzeptanz / Verbreitung

Aus Händlersicht ist es wichtig, dass sich ein Zahlungssystem durch viele Nutzer auszeichnet, da sonst eine Investition in das System nicht lohnenswert ist. Dabei sehen sich neue Systeme oft mit einem Teufelskreis konfrontiert: Die Kunden stellen sich erst dann auf ein neues System ein, wenn viele Händler ein Bezahlen damit ermöglichen und die Händler warten ihrerseits darauf, dass die Kunden das System nutzen.[10] Auch eine breite Akzeptanz durch die Banken ist Voraussetzung für ein erfolgreiches Zahlungssystem, damit die Nutzer nicht von einer bestimmten Bank abhängig sind. Darüber hinaus müssen internationale Zahlungen problemlos möglich sein.

Vertrauensschutz

Für Händler ist es von Bedeutung, dass vertrauliche Daten geschützt werden und nicht durch inadäquate Sicherheitsmaßnahmen des Zahlungssystems von außen zugänglich werden. Dies schließt sowohl die Kundendaten als auch die Daten des Händlers ein. Bei letzteren ist es denkbar, dass es bei unsicheren Systemen möglich ist, durch Abhören von Datenströmen komplette Umsatzprofile eines Händlers zu erstellen (vgl. [39]).

Verfügbarkeit

Wie das gesamte Internet müssen Zahlungssysteme auf Basis von elektronischem Geld permanent zur Verfügung stehen, eine Einschränkung wie bei Bank-Öffnungszeiten ist hier nicht denkbar. Außerdem sollte sich das System – wie jedes Softwareprodukt – durch geringe Ausfallzeiten auszeichnen und auch in Spitzenzeiten problemlos funktionieren (vgl. [1]).

Integrationsfähigkeit

Die Zahlungen mit elektronischem Geld lassen sich im Optimalfall nahtlos in die Geschäftsprozesse der Händler integrieren. Damit wird zum einen die Akzeptanz durch potentielle Händler erhöht, da keine auf-

---

[9] Zu diesen so genannten Micropayments vgl. Abschnitt 2.3.
[10] Kapitel 5 geht detaillierter auf die Akzeptanz von elektronischem Geld ein und erläutert, welche Akzeptanzprobleme einer Einführung von elektronischem Geld im Weg stehen.

- 12 -

wändige Umstellung auf neue Systeme notwendig ist, zum anderen würden bei mangelnder Integrationsfä-higkeit erhebliche Kosten bei der Einführung anfallen. Ein Zahlungssystem auf Basis von elektronischem Geld sollte also keine isolierte Insellösung darstellen sondern sich im Gegenteil durch viele Schnittstellen auszeichnen.

3.4   Weitere Anforderungen

Im Folgenden werden weitere Anforderungen erläutert, die an elektronisches Geld gestellt werden und Vor-aussetzungen für eine Etablierung entsprechender Zahlungssysteme darstellen.

Sicherheit

Die Sicherheit eines Systems umfasst neben dem in Abschnitt 3.3 beschriebenen Vertrauensschutz noch weitere Aspekte (vgl. [43]):

- Integrität: Dazu zählt die Authentifizierung und Autorisierung der Nutzer. Außerdem müssen ver-schickte Daten erkennbar unverändert ankommen und aus der angegebenen Quelle stammen. Man unterscheidet starke und schwache Integrität. Starke Integrität bedeutet, dass Betrugsversuche im Vorfeld verhindert werden, schwache Integrität bezeichnet die Möglichkeit zum Erkennen und Ahn-den von Manipulationen im Nachhinein.

- Transaktionssicherheit: Sämtliche Zahlungen müssen sich durch Atomarität, Konsistenzerhaltung, Isolation und Dauerhaftigkeit auszeichnen.[11] Atomarität bezeichnet die Tatsache, dass eine Transak-tion – auch im Fehlerfall – entweder ganz oder gar nicht wirksam wird. Unter Konsistenzerhaltung versteht man, dass eine Transaktion, die in einem konsistenten Zustand startet, das System am Ende in einem konsistenten Zustand hinterlässt. Die Tatsache, dass parallele Transaktionen voneinander unabhängig durchgeführt werden, wird als Isolation bezeichnet. Dauerhaftigkeit sagt aus, dass die Ergebnisse von Transaktionen erhalten bleiben und im Fehlerfall nicht verloren gehen (vgl. [26]).

Skalierbarkeit

Ein System, mit dessen Hilfe Zahlungen über das Internet abgewickelt werden können, muss auf eine große Zahl von Nutzern ausgelegt sein und für jede denkbare Nutzerzahl effizient arbeiten. Es darf keine Be-schränkung geben, die die Zahl der gleichzeitig aktiven Benutzer oder gleichzeitigen Transaktionen be-grenzt. Das bedeutet meist, dass ein System mit der Anzahl seiner Nutzer mitwachsen muss. Die Skalierbar-keit wird z.B. durch einen zentralen Rechner bedroht, über den alle Transaktionen in einem System abgewi-ckelt werden müssen (vgl. [27]).

Übertragbarkeit

Bargeld ist problemlos von einer Person auf eine andere übertragbar. Diese Eigenschaft bei elektronischem Geld nachzubilden hat sich als nahezu unmöglich herausgestellt, da nach jeder Transaktion eine Bank kon-

---

[11] Diese Eigenschaften werden in der Literatur oft mit dem Akronym ACID (*atomicity, consistency preservation, isola-tion, durability*) zusammengefasst.

taktiert werden muss um die Echtheit der Münzen zu überprüfen und um festzustellen, ob die Münze bereits ausgegeben wurde und es sich somit um eine Kopie handelt (vgl. Abschnitt 3.2). Grundsätzlich gilt aber die Anforderung, dass der Weg "Bank → Kunde → Händler → Bank" für die Münzen nicht obligatorisch sein soll (vgl. [17]).

Teilbarkeit

Elektronisches Geld steht weiterhin dem Problem der Nennwerte gegenüber. Es muss mit elektronischem Geld möglich sein, jeden beliebigen Betrag zu bezahlen. Die einfachste Lösung, nur Münzen mit minimalem Betrag auszugeben, scheitert an dem erheblichen Aufwand, der sich bei großen Beträgen ergibt, da für jede einzelne Münze Verschlüsselung, Entschlüsselung und Verifikation durchgeführt werden muss.

Einfache Handhabung

Wie an jede Hard- und Software wird an elektronisches Geld die Anforderung einer einfachen Handhabung gestellt. Die Bedienung muss so einfach wie möglich und verständlich sein. Auch der Zahlungsverkehr sollte durch den Kunden nachvollziehbar sein, es muss mit kleinem Aufwand möglich sein, sich einen Überblick über aktuelle Zahlungsströme zu verschaffen (vgl. [40]).

Offline-Fähigkeit

Vielfach wird für elektronisches Geld Offline-Fähigkeit gefordert. Das bedeutet, dass ein Kunde eine Zahlung an einen Händler tätigen kann, ohne dass zum Zahlungszeitpunkt eine Verbindung mit einer Bank oder einer sonstigen dritten Partei notwendig ist (vgl. [17]). Diese Anforderung führt zu einer Aufteilung von Zahlungssystemen in Online- und Offline-Systeme (vgl. [45]). Online-Systeme zeichnen sich dadurch aus, dass zum Zeitpunkt der Zahlung eine Verbindung zur Bank notwendig ist, bei Offline-Systemen hingegen ist dies nicht erforderlich.[12]

4   Verfahren

Dieses Kapitel stellt zwei Zahlungssysteme auf Basis von elektronischem Geld vor, die anhand von Prototypen bereits in der Praxis erprobt wurden. Dabei werden neben der Funktionsweise die Vor- und Nachteile der Systeme untersucht.

4.1   NetCash

Das System NetCash wurde am Information Sciences Institute der University of Southern California entwickelt und ist in erster Linie auf die Abwicklung von Zahlungen von kleineren Beträgen ausgelegt.[13] Vorgestellt wurde das System im Jahr 1994.

---

[12] Der Kopierschutz kann in Offline-Systemen durch Anwendung des in Abschnitt 3.2 beschriebenen Secret Splitting gewährleistet werden. Bisher hat jedoch noch keine Implementierung eines solchen Systems die Marktreife erreicht.
[13] NetCash wird in der Praxis mit dem ebenfalls am Information Sciences Institute der University of Southern California entwickelten System NetCheque kombiniert, vgl. [14].

Grundlagen

Die Struktur von NetCash setzt sich aus mehreren so genannten Currency Servern zusammen, die Online-Banken entsprechen. Jede dieser Banken kann Münzen ausgeben, Münzen können zwischen den einzelnen Banken ausgetauscht werden. Da das System nicht von den in Abschnitt 3.1 vorgestellten blinden Signaturen Gebrauch macht, ist Anonymität nicht in vollem Umfang gewährleistet. Die beteiligten Banken sind in der Lage, die Wege der Münzen zurückzuverfolgen. Auch von dem in Abschnitt 3.2 beschriebenen Secret Splitting wird kein Gebrauch gemacht.

Die Kommunikation der Teilnehmer untereinander geschieht per e-Mail und wird mit Hilfe asymmetrischer Verschlüsselungsverfahren abgesichert, neue Münzen werden von den Banken mit dem jeweiligen privaten Schlüssel digital signiert. Somit kann zum einen die Gültigkeit der Münzen gewährleistet werden, zum anderen können alle Parteien untereinander abhörsicher kommunizieren, indem sie Nachrichten mit dem öffentlichen Schlüssel des Empfängers chiffrieren (vgl. [47]).

Münzen setzen sich im NetCash System aus folgenden sechs Bestandteilen zusammen (vgl. [31]):

- Name der Bank bzw. des Currency Servers: Dieses Feld beinhaltet den Namen der Bank, die die Münze ausgestellt hat.

- Adresse des Currency Servers: Hier wird die Internet-Adresse der ausstellenden Bank gespeichert. An diese Adresse können Münzen zur Verifikation gesendet werden.

- Ablaufdatum: Das Ablaufdatum gibt an, wie lange die Münze gültig ist.

- Seriennummer: Die Seriennummer identifiziert zusammen mit dem Namen der ausstellenden Bank eine Münze eindeutig.

- Wert: Dieses Feld gibt den Wert der Münze an.

- Zertifizierungs-ID: Die ersten fünf Bestandteile einer Münze werden mit Hilfe des privaten Schlüssels der Bank chiffriert. Das nicht verschlüsselte Feld Zertifizierungs-ID enthält einen Verweis auf das Zertifikat, mit dem der entsprechende öffentliche Schlüssel erlangt werden kann.

Funktionsweise

Im Folgenden wird der Ablauf beschrieben, der sich ergibt, wenn ein Kunde Geld via NetCash an einen Händler schicken möchte (vgl. [47] und Abbildung 4).

In Schritt (1) bestellt der Kunde bei einer der am System beteiligten Banken Münzen mit einem bestimmten Wert, mit dem er entsprechend belastet wird. Der Kunde erhält die Münzen in Schritt (2), diese sind zuvor signiert und mit dem öffentlichen Schlüssel des Kunden chiffriert worden. Außerdem fügt die Bank die Seriennummern der Münzen in die Liste von Münzen ein, die bisher noch nicht eingelöst wurden. Der nächste Schritt (3) besteht darin, dass der Kunde dem Händler die Münzen zusendet, die er vorher mit dessen öffentlichem Schlüssel chiffriert hat.

In Schritt (4) prüft der Händler zunächst die Echtheit der Münzen. Dazu besorgt er sich anhand der beigelegten Zertifikat-ID den öffentlichen Schlüssel der Bank, die die Münzen ausgestellt hat, und entschlüsselt die

Münzen. Daraufhin sendet er sie verschlüsselt an seine eigene Bank. Der Double Spending Test wird in Schritt (5) durchgeführt. Dabei ist zu beachten, dass jede der beteiligten Banken eine separate Liste mit den noch nicht eingelösten Münzen führt, die von ihr ausgestellt wurden. Der Double Spending Test muss also Banken-übergreifend stattfinden. Sind die Seriennummern der Münzen bei der ausgebenden Bank gespeichert, so werden sie nun gelöscht und die Münzen für gültig erklärt.

Der Händler wird im letzten Schritt über das Ergebnis informiert und kann entscheiden, ob er für den erhaltenen Wert neue Münzen haben möchte oder ob ihm der Betrag in herkömmlichem Geld gutgeschrieben wird.

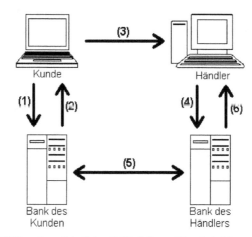

Abbildung 4   Ablauf einer NetCash-Transaktion, in Anlehnung an [47]

Bewertung

Ein entscheidender Vorteil von NetCash ist die Skalierbarkeit des Systems durch die Tatsache, dass mehrere Banken für die Ausgabe, Entgegennahme und Verifizierung von Münzen zuständig sind. Die Größe des Systems kann so an die Zahl der Benutzer und Transaktionen angepasst werden. Durch die Vielzahl von Banken ist die Anzahl der Seriennummern, die von einer Bank zwecks Double Spending-Verhinderung gespeichert werden muss, gering. Überdies sorgt das Ablaufdatum, mit dem jede Münze versehen ist, für eine Reduktion der anfallenden Daten pro Bank.

Die Teilnahme an dem System erfordert keine zusätzliche Soft- oder Hardware, damit wird die Einführung einfacher und billiger.[14] Die Transaktionen setzen lediglich e-Mail Adressen voraus und sind bis zu einem gewissen Grad automatisierbar. Auf der anderen Seite widerspricht die Kommunikation per e-Mail der Forderung nach Anonymität. Erhält ein Händler mehrere Zahlungen von einer e-Mail Adresse, so steht dem Bilden von Kundenprofilen nichts im Wege. Außerdem ist der Kunde gegenüber der Bank nicht anonym, da nicht von blinden Signaturen Gebrauch gemacht wird. Die Bank kann sowohl speichern, welchem Kunden

---

[14] Dieser Vorteil verringert auch die Akzeptanzprobleme durch potentielle Nutzer, vgl. Kapitel 5.

sie welche Seriennummern zugeteilt hat, als auch nachvollziehen, welcher Händler diese Münze wieder ein-tauscht.[15] Vom Erstellen umfassender Kundenprofile kann die Bank nur durch entsprechende Datenschutz-richtlinien abgehalten werden. Den Händlern gegenüber sind die Kunden jedoch bei geeigneter Wahl ihrer e-Mail Adresse anonym. Händler könnten lediglich durch eine Zusammenarbeit mit der Bank in den Besitz der Kundenprofile gelangen (vgl. [32])[16].

Kopierschutz ist für die Münzen grundsätzlich vorhanden, da die Banken die Seriennummern ausgegebener Münzen speichern und sie beim ersten Einlösen wieder löschen. Es ist jedoch bei einem zweiten Einlösever-such nicht feststellbar, ob ein Betrug durch den Kunden oder den Händler vorliegt, da die Methode des Sec-ret Splitting nicht angewandt wird (vgl. Abschnitt 3.2).

NetCash ist nicht offline-fähig. Ein Händler muss eine Münze sofort nach Erhalt durch eine Bank überprüfen lassen, da er sonst nicht mit Sicherheit davon ausgehen kann, dass diese gültig ist. Die Übertragbarkeit von Münzen ist nur indirekt durch einen Austausch der Münzen gegeben, der Weg "Bank → Kunde → Händler → Bank" ist vorgeschrieben. NetCash wurde Mitte der neunziger Jahre von der Netbank[17] als Prototyp getes-tet, stieß aber nicht auf die gewünschte Resonanz. Das für die Einführung neuer Zahlungsmittel im Zusam-menhang mit dem Internet entscheidende Kriterium der Verbreitung wird also nicht erfüllt.

4.2   ecash

ecash ist das bisher bekannteste System für die Abwicklung von Zahlungen mit elektronischem Geld. Es wurde von der von dem Kryptographen David Chaum gegründeten Firma DigiCash entwickelt und setzt viele der Ideen Chaums, vor allem die blinden Signaturen, in die Praxis um.

Grundlagen

Ein wichtiger Unterschied zwischen NetCash und ecash ist, dass bei ecash nur eine Bank vorgesehen ist. Die Kommunikation findet nicht per e-Mail sondern über eine speziell entwickelte Software statt, die die Teilnehmer installieren müssen. Münzen werden im ecash-System durch Dateien repräsentiert, die eine Se-riennummer und die digitale Signatur der Bank enthalten. Beim Signieren von Münzen erfährt die Bank die Seriennummern nicht, da ecash das in Abschnitt 3.1 beschriebene Verfahren der blinden Signaturen einsetzt. Das asymmetrische Verschlüsselungsverfahren RSA gewährleistet darüber hinaus, dass alle Transaktionen abhörsicher erfolgen können. Zusätzlich zu dem öffentlichen Schlüssel der Bank, der für die Kommunikation bestimmt ist, erhält der Nutzer noch öffentliche Schlüssel zum Erzeugen der Münzen (vgl. [6])[18].

---

[15] Sind Händler- und Kundenbank verschieden, so ist dafür noch eine Kommunikation zwischen den beteiligten Banken notwendig.
[16] Es ist allerdings fraglich, ob ein solches Szenario für die Beurteilung eines Verfahrens herangezogen werden sollte. Kunden, die noch nicht einmal ihrer eigenen Bank trauen, eignen sich sicherlich nicht als objektive Grundlage für die Beurteilung von E-Cash-Systemen.
[17] www.netbank.com
[18] Mit diesem Schlüssel wird beim Erzeugen die zusätzlich zur Seriennummer gewählte Zufallszahl potenziert, damit sie nach dem Signieren durch die Bank vom Kunden wieder herausdividiert werden kann, vgl. Abschnitt 3.1.

Funktionsweise

Im Folgenden wird der Ablauf beschrieben, mit dem ein Kunde via eCash elektronisches Geld an einen Händler senden kann (vgl. [47] und Abbildung 5).

Die eCash-Software des Kunden erstellt zunächst die für die Transaktion notwendigen Münzen mit zufällig gewählten Seriennummern. Diese Seriennummern werden mit Hilfe einer weiteren Zufallszahl verdeckt und die Münzen werden mit dem öffentlichen Schlüssel der Bank chiffriert an diese übertragen (1). In Schritt (2) signiert die Bank die Münzen, ohne dass sie die Seriennummern herausfinden kann. Das herkömmliche Konto des Kunden wird mit dem entsprechenden Betrag belastet und die Münzen werden zurückgeschickt. Nach Erhalt der Münzen entfernt der Kunde die zuvor hinzugefügte Zufallszahl und ist im Besitz der gültigen Münzen.

Schritt (3) besteht in der Bezahlung der Münzen an den Händler. Dazu werden die Münzen mit dem öffentlichen Schlüssel des Händlers chiffriert. Der Händler lässt in Schritt (4) die Münzen durch die Bank überprüfen. Untersucht wird dabei die kryptographische Korrektheit der Münzen und ob die Münzen bereits ausgegeben wurden und es sich somit um einen Betrugsversuch handelt. Dazu führt die Bank eine Liste mit den Seriennummern aller Münzen, die bereits eingelöst wurden. Stehen die Seriennummern nicht in der Liste, so werden die Münzen akzeptiert und ihre Nummern in die Liste eingetragen, der Händler wird informiert und bekommt den Betrag gutgeschrieben. Im anderen Fall werden die Münzen zurückgewiesen (vgl. [6]).

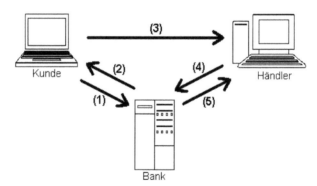

Abbildung 5   Ablauf einer eCash-Transaktion, in Anlehnung an [47]

Bewertung

Der entscheidende Vorteil von eCash im Vergleich zu anderen Verfahren ist die vollkommene Anonymität der Kunden, die durch die blinden Signaturen erreicht wird.[19] Dadurch ist der Weg einer elektronischen Münze weder für die Bank noch für die Händler nachvollziehbar. Dieser völligen Anonymität der Kunden könnte bei einer breiten Verwendung von eCash allerdings durch die Gesetzgebung ein Riegel vorgeschoben werden. Durch die Anwendung von RSA ist die für die Transaktionen notwendige Kommunikation abhörsi-

---

[19] Für Händler gilt im Rahmen von eCash keine Anonymität, damit soll Geldwäsche verhindert werden.

cher und vor Manipulationen geschützt. Die Münzen können somit nicht während der Übertragung gestohlen werden, die Zwischenspeicherung der Münzen auf der lokalen Festplatte des Kunden kann zusätzlich per Passwortschutz abgesichert werden.

Das Hauptproblem besteht bei ecash in der Skalierbarkeit. So ist eine einzige Datenbank dafür zuständig, die Seriennummern aller bereits eingelösten Münzen im gesamten System zu speichern, um Double Spending zu erkennen, und für jede Transaktion muss ein gemeinsamer Bank-Server kontaktiert werden, der damit zum Flaschenhals des gesamten Systems wird. Darüber hinaus muss jeder Teilnehmer ein Konto bei der für ecash zuständigen Bank besitzen, es besteht keine Wahlmöglichkeit für potentielle Nutzer. Dieser Ansatz ist bei einer großen Nutzer- und Transaktionszahl nicht tragbar, es wurde daher an Ansätzen gearbeitet, die, wie im vorhergehenden Abschnitt am Beispiel von NetCash vorgestellt, mit einem verteilten System mit mehreren Banken sowie einem Ablaufdatum für die Münzen arbeiten (vgl. [37]).

Ein weiterer Vorteil von eCash ist die einfache Bedienung durch die speziell entwickelte Software. Diese ist für Kunden und Händler identisch und wurde für alle gängigen Betriebssysteme implementiert. Geschäftsprozesse sind damit teilweise automatisierbar. Andererseits stellt die notwendige Installation einer bestimmten Software eine Hemmschwelle für potentielle Nutzer dar. Ein Problem, das im Zusammenhang mit eCash noch gelöst werden muss, ist die Frage, was geschieht, wenn zwei Kunden unabhängig voneinander die gleiche Seriennummer erzeugen. Da die Bank im Zuge des blinden Signierens die Seriennummern nicht sieht, kann eine solche Situation nicht bemerkt werden und der Kunde, der seine Münze als zweiter einlösen will, würde zu Unrecht des Betrugs bezichtigt.

Darüber hinaus ist es – wie bei NetCash – nicht möglich, im Falle eines versuchten Double Spending den Betrüger herauszufinden, da nicht von der Methode des Secret Splitting Gebrauch gemacht wird. eCash ist nicht offline-fähig, für jede Transaktion zwischen einem Kunden und einem Händler muss die Bank zur Verifikation eingeschaltet werden. Übertragbarkeit ist nur indirekt gewährleistet, sie kann durch Austausch der Münzen über die Bank angenähert werden. Eine Übertragung einer Münze mit einer bestimmten Seriennummer auf eine andere Person ist nicht möglich.

Für eCash sprach im Gegensatz zu anderen Verfahren lange Zeit das große Interesse vieler Banken, die e-Cash-Prototypen in Betrieb nahmen[20]; damit schien die für neue Zahlungssysteme wichtigste Anforderung der weiten Verbreitung erfüllt. Der Konkurs der Firma DigiCash in 1999 stoppte die Weiterentwicklung jedoch zunächst, der Betrieb der diversen Prototypen wurde einige Jahre danach aufgrund mangelnder Nachfrage eingestellt.

5 Akzeptanz

Die entscheidende Voraussetzung für einen Durchbruch von elektronischem Geld ist die breite Akzeptanz durch die potentiellen Nutzer. Viele Entwicklungen der letzten Jahre in der Informatik haben gezeigt, dass sich nicht immer die qualitativ hochwertigste Lösung als Standard etabliert. Oft erreicht diejenige Lösung als

---

[20] Auf die versuchte eCash-Einführung durch die Deutsche Bank 24 wird in Abschnitt 5.2 eingegangen.

erste Marktreife, die am besten vermarktet wird oder deren Einführung von entsprechenden Unternehmen forciert wird. Das scheint sich auch für Zahlungsmöglichkeiten im Internet zu bestätigen. Die Bezahlung per Überweisung oder Kreditkarte, die keinerlei Anonymität gewährleistet, hat sich weitgehend etabliert, während elektronisches Geld trotz der Eignung für Micropayments und der Sicherstellung der Anonymität keine nennenswerten Marktanteile aufweisen kann.

Dieses Kapitel setzt sich mit den Problemen, die hinter der mangelnden Akzeptanz stecken, auseinander. Dazu wird zunächst die aktuelle Akzeptanz-Situation von elektronischem Geld dargestellt. Basierend auf den Kapiteln 3 und 4 wird verdeutlicht, welche technischen Möglichkeiten sich durch Kombination der dort vorgestellten Ansätze ergeben. Diverse Ergebnisse von Umfragen unter potentiellen Nutzern zu den Zahlungsverfahren im Internet liefern darüber hinaus die Grundlage, um Trends im Bereich von elektronischem Geld aufzuzeigen.

Abschnitt 5.2 stellt am Beispiel der versuchten eCash-Einführung durch mehrere Banken, unter anderem der Deutschen Bank 24, dar, wie derartige Prototypen von potentiellen Kunden angenommen werden und welche Implikationen sich daraus ergeben. Dabei wird auch das Verhalten der potentiellen Nutzer beurteilt. Der letzte Abschnitt dieses Kapitels zeigt schließlich die entscheidenden Probleme auf, die momentan einer größeren Akzeptanz und Verbreitung im Weg stehen. Der Abschnitt beinhaltet außerdem Hinweise auf Möglichkeiten, die Akzeptanz von elektronischem Geld zu steigern.

5.1 Aktuelle Situation

Die in Kapitel 4 beschriebenen Prototypen weisen beide erhebliche Nachteile auf. Trotzdem lässt sich bereits im Zusammenhang mit den in Kapitel 3 dargestellten Verfahren erkennen, dass die technischen Möglichkeiten für ein deutlich verbessertes System zur Zahlungsabwicklung mittels elektronischen Geldes vorhanden sind.

Die mangelnde Skalierbarkeit von eCash kann durch die Anwendung des von NetCash verfolgten verteilten Ansatzes beseitigt werden, der unzureichenden Anonymität von NetCash ist durch die blinden Signaturen, die bei eCash verwendet werden, entgegenzuwirken. Das in Abschnitt 3.2 erläuterte Verfahren des Secret Splitting könnte außerdem in beiden Prototypen sicherstellen, dass sich die Identität eines Betrügers, der eine Münze mehrfach ausgibt, rekonstruieren lässt, während der ehrliche Kunde nach wie vor anonym bleibt. Damit wäre auch die geforderte Offline-Fähigkeit realisierbar, die Überprüfung der Münzen müsste nicht unbedingt unmittelbar zum Zahlungszeitpunkt stattfinden (vgl. [42])[21].

Die technischen Möglichkeiten und die notwendigen Algorithmen, um einen deutlich verbesserten Prototyp zu entwickeln und ausführlich zu testen, sind also vorhanden, das Problem besteht lediglich in der mangelnden Akzeptanz der potentiellen Nutzer.

---

[21] Bei einem späteren Einreichen der Münzen bei einer Bank ließe sich allerdings im Betrugsfall nicht mehr ohne zusätzliche Mechanismen feststellen, bei welcher Transaktion die Münze zum ersten Mal eingesetzt wurde und bei welchen Transaktionen von illegalen Kopien Gebrauch gemacht wurde.

Anwendungen von elektronischem Geld

Die Anwendungsgebiete von elektronischem Geld stimmen im Wesentlichen mit denen der klassischen Zahlungsmethoden überein. Elektronisches Geld ist für Transaktionen von Konsumenten mit Internet-Händlern gedacht, für größere Beträge wie im B2B-Bereich sind die Lösungen nicht ausgelegt.[22]

Die wirtschaftliche Abwicklung von Micropayments ermöglicht es darüber hinaus Anbietern von Internet-Seiten geringe Gebühren für die Nutzung von Texten, Bildern oder Videos zu erheben. Diese Anwendung grenzt elektronisches Geld von den Verwendungsmöglichkeiten anderer Zahlungsverfahren im Internet ab. Derzeit werden solche Angebote – wenn überhaupt – über so genannte Inkassosysteme finanziert. Diese erhöhen die Wirtschaftlichkeit im Umgang mit Micropayments durch das Sammeln mehrerer Transaktionen. Die Transaktionen werden dann gesammelt in einem Zahlungsvorgang über klassische Zahlungsmethoden wie Girokonten oder Kreditkarten abgewickelt.

Umfragen unter potentiellen Nutzern

Seit 1997 wird am Lehrstuhl Geld und Währung, Institut für Wirtschaftspolitik und Wirtschaftsforschung der Universität Karlsruhe, die Online-Umfrage "Internet-Zahlungssysteme aus Sicht der Verbraucher" (IZV) durchgeführt.[23] Zum Zeitpunkt der Erstellung der vorliegenden Arbeit sind bereits sieben Umfragen durchgeführt worden, im Durchschnitt nahmen ca. 10.000 potentielle Nutzer von elektronischen Zahlungssystemen daran teil.[24] Der Lehrstuhl hat sich mit den Umfragen das Ziel gesetzt, Trends im Zusammenhang mit Zahlungssystemen im Internet aufzuzeigen und Hinweise auf mögliche Verbesserungen sowie Gründe für das Scheitern diverser Systeme zu liefern.

Die Umfrage-Ergebnisse, auch im Vergleich über mehrere Durchführungen, dokumentieren einige interessante Aspekte, die für die Akzeptanz elektronischer Zahlungssysteme und von elektronischem Geld im Besonderen von Bedeutung sind. Daher sollen die veröffentlichten Umfrage-Ergebnisse nach [21], [22], [23] und [24] an dieser Stelle dazu dienen, den aktuellen Akzeptanzgrad von elektronischem Geld aufzuzeigen und die Wichtigkeit unterschiedlicher Anforderungen an elektronische Zahlungssysteme aus Sicht der potentiellen Kunden darzustellen.

Zunächst sei aufgezeigt, welche Zahlungssysteme für das Bezahlen von Waren im Internet momentan Verwendung finden. Mit vergleichbaren Ergebnissen zählen in allen Umfragen die Methoden Lastschrift, Rechnung, Kreditkarte und Nachnahme mit Werten zwischen 50 und 80 % zu den meist verwendeten Zahlungs-

---

[22] Da die meisten Systeme zur Abwicklung von Geschäften per elektronischem Geld nur mit Münzen von relativ geringem Nennwert agieren, wäre für größere Beträge eine sehr hohe Anzahl an Münzen notwendig – dies würde durch die Tatsache, dass jede Münze ver- und entschlüsselt sowie verifiziert werden muss, zu Performanz-Problemen führen. Die Sicherheitsmechanismen eines verbesserten Systems, das die Vorteile der in dieser Arbeit vorgestellten Verfahren kombiniert, sollten allerdings für Transaktionen mit großen Beträgen hinreichend sein.
[23] Vgl. http://www.iww.uni-karlsruhe.de/izv/.
[24] [24] weist ausdrücklich auf die Repräsentativitätsprobleme von Online-Umfragen hin: *"Offene WWW-Umfragen weichen z.T. deutlich von mündlichen Befragungen und Panels ab. Männer, junge, hochgebildete und technikaffine Menschen sind meist überrepräsentiert. Die Ergebnisse sind somit für die Gesamtbevölkerung nicht repräsentativ. Dies ist jedoch nicht unbedingt von Nachteil, da gerade die Meinungen und Einstellungen so genannter 'Innovatoren und First Mover' für die weitere Entwicklung junger Märkte von hohem Interesse sind."*

methoden, die Werte variieren im Zeitverlauf nur unwesentlich. Die oben beschriebenen Inkasso-Systeme erfreuen sich zunehmender Beliebtheit – während in 2001 nur ca. 3 % der Befragten dieses Verfahren bereits genutzt hatten, gab in 2004 über die Hälfte der Umfrage-Teilnehmer an, bereits per Inkasso-System bezahlt zu haben. Vorausbezahlte Systeme hingegen spielen mit ca. 2 % Verwendung eine unbedeutende Rolle, hier ist auch im Zeitverlauf nur eine leichte Steigerung zu verzeichnen. Zu diesen vorausbezahlten Systemen wiederum zählt das elektronische Geld. Diese Tatsache, dass diese Zahlungsmethode momentan nicht von den potentiellen Nutzern angenommen wird, erklärt sich nur zum Teil aus der Insolvenz von Unternehmen wie DigiCash, die entsprechenden Prototypen wurden überwiegend aufrechterhalten und erst einige Jahre später aufgrund der mangelnden Nachfrage eingestellt.

Für größere Beträge greifen die potentiellen Nutzer nach wie vor auf die Verfahren zurück, die auch außerhalb des Internet etabliert sind. Für Micropayments ist eine verstärkte Nutzung von Inkasso-Systemen zu verzeichnen, die wiederum auf den klassischen Verfahren aufbauen und lediglich die Zahl der Transaktionen durch das Zusammenfassen mehrerer Zahlungen verringern. Das Problem, dass sich komplett neue Zahlungssysteme wie das elektronische Geld nicht durchsetzen können, wird verdeutlicht durch ein weiteres Ergebnis der Umfrage: 96 % der Befragten gaben in 2001 an, dass es für sie wichtig oder sehr wichtig ist, ob ein Händler ihre bevorzugte Zahlungsmethode akzeptiert, diese Anforderung ist damit gleichzeitig die wichtigste, die an Online-Shops gestellt wird (vgl. [21]) – das Interesse am Austesten von neuen und innovativen Zahlungsmethoden ist also beschränkt.

Weiterhin geben die Studien Aufschluss darüber, von welchen Argumenten sich potentielle Nutzer leiten lassen, wenn es um die Benutzung elektronischer Zahlungsmethoden geht. Tabelle 1 stellt die Ergebnisse der entsprechenden Umfrage aus dem Jahr 2003 dar. Dabei fällt auf, dass der wesentliche Vorteil von elektronischem Geld, die Anonymität, nur von knapp über einem Viertel der Befragten in Betracht gezogen wird. Außerdem lässt sich eine Abneigung gegen Methoden erkennen, die erst durch das Internet möglich geworden sind. Für fast 60 % der Befragten ist es von Bedeutung, dass die Methode, die sie im Internet zum Zahlen verwenden, außerhalb des WWW eingesetzt werden kann – damit sind Kreditkarten und andere klassische Zahlungsmethoden gegenüber dem elektronischen Geld klar im Vorteil.

Auch die Tatsache, dass fast die Hälfte der Befragten die Verbreitung einer Zahlungsmethode prüft, bevor sie die Methode selbst nutzt, unterstreicht die Schwierigkeit der Einführung komplett neuer Ansätze zur Zahlungsabwicklung.

Welche der folgenden Elemente beeinflussen Sie, eine elektronische Zahlungsmethode im Internet zu nutzen?	
	(Mehrfachnennungen möglich)
Die Maßnahmen des Anbieters zum Datenschutz und der Verschlüsselung	61,7 %
Die Verwendung der Zahlungsmethode auch außerhalb des Internet	57,9 %
Die Identität des Anbieters der Zahlungsmethode	54,0 %
Die Verbreitung und Annahme der Zahlungsmethode	45,8 %
Der Markenname der Zahlungsmethode	35,6 %
Die Gewährleistung der Anonymität beim Zahlungsvorgang	27,5 %
Die Nutzung der Zahlungsmethode durch Freunde und Bekannte	8,6 %

Tabelle 1   Umfrage-Ergebnisse zu Argumenten für die Nutzung elektronischer Zahlungsmethoden, nach [23]

Andererseits äußerte in der 2004 durchführten Umfrage nur gut die Hälfte der Befragten, dass sie die Verfahren, die sie im Internet zum Bezahlen einsetzt, für ausreichend sicher hält (vgl. [24]). Es ist also offensichtlich trotz des mangelnden Interesses ein Bedarf an neuen Lösungen vorhanden.

Trends

Bei der Einführung neuer Zahlungssysteme spielen psychologische Gründe wie die Vertrautheit mit bekannten Zahlungsmethoden eine wichtige Rolle. Viele der Internet-Nutzer hegen nach wie vor Sicherheitsbedenken – sie nutzen das Internet zwar als Informationsquelle und zum Bestellen von Waren, die Bezahlung soll jedoch über bekannte Wege abgewickelt werden (vgl. [33]). Der entscheidende Vorteil der Anonymität bei elektronischem Geld wird nur unzureichend als solcher wahrgenommen und im Bereich der Micropayments setzt sich mit den Inkasso-Systemen eine andere Lösung durch. Andererseits sind die derzeit eingesetzten Lösungen nicht in der Lage, alle Anforderungen zu erfüllen. Insbesondere aus Händlersicht sind mit den Zahlungsmethoden Rechnung oder Nachnahme zu hohe Kosten verbunden, auch die Betrugsquote liegt derzeit zu hoch.

Einen entscheidenden Einfluss auf die Zukunft von elektronischem Geld könnten die so genannten Micropayments haben. Zwar weisen in diesem Bereich momentan Inkasso-Systeme die höchsten Wachstumsraten auf, aber die Entwicklung ist noch lange nicht abgeschlossen. In letzter Zeit mehren sich außerdem Stimmen, die die "Kostenlos-Kultur" des Internet als beendet ansehen, selbst in den Teilen des WWW, in denen bisher alles gratis zur Verfügung gestellt wurde (vgl. z.B. [29]). Dies wird durch die Ergebnisse im Rahmen der

IZV-Umfragen bestätigt. Zum einen steigt der Umsatz, der auf so genannte digitale Güter[25] zurückzuführen ist, signifikant, zum anderen erhöht sich die Bereitschaft, für Informationen aus dem Internet zu zahlen.[26] Es wird sich in den nächsten Jahren zeigen, ob Inkasso-Systeme für Micropayments wirklich die geeignete Lösung sind. Die gegenwärtig eingesetzten Systeme haben aus Endnutzer-Sicht den erheblichen Nachteil, dass jeder Händler ein eigenes Inkasso-System anbietet und somit viele Registrierungsvorgänge notwendig sind. Darüber hinaus bieten die Inkasso-Systeme den Kunden keinerlei Anonymität. Diese beiden Nachteile würden durch elektronisches Geld kompensiert.

Bezüglich der Anonymität sei an dieser Stelle noch darauf hingewiesen, dass sie lediglich aus Sicht der potentiellen Kunden eine positive Rolle spielt. Die Händler hingegen profitieren derzeit von der fehlenden Anonymität der eingesetzten Systeme und sind in der Lage, umfassende Kundenprofile zu erstellen. Sie stehen also einer möglichen Ausbreitung von elektronischem Geld zwiespältig gegenüber. Einerseits wollen sie das Vertrauen ihrer Kunden gewinnen, andererseits sind sie daran interessiert, deren Daten zu verwerten oder gar zu vermarkten.

Insgesamt ist es noch zu früh, um die zukünftige Entwicklung von elektronischem Geld zu prognostizieren. Die Insolvenzen verschiedener Anbieter von E-Cash-Systemen und das Einstellen der Prototypen deuten darauf hin, dass sich elektronisches Geld nicht etablieren wird; andererseits würden ein stärkeres Bewusstsein der potentiellen Nutzer hinsichtlich der Anonymität sowie ein weiteres Wachstum im Bereich Micropayments zu einer wachsenden Bedeutung dieser Zahlungsmethode führen.

5.2 Fallbeispiel zur Akzeptanz

Am Beispiel der versuchten Einführung des in Abschnitt 4.2 vorgestellten Systems eCash durch die Deutsche Bank 24 wird im Folgenden dargestellt, wie sich die mangelnde Akzeptanz der potentiellen Nutzer auf derartige Prototypen auswirkt und woran die Prototypen konkret scheitern.

Versuchte eCash-Einführung der Deutschen Bank 24

Das Pilotprogramm von eCash, das Banken, Kunden und Händler weltweit einschloss, wurde ab dem Jahr 2000 auch von der Deutschen Bank 24 angeboten. In der erfolgreichsten Phase des Pilotprojektes beteiligten sich global mehr als 300 Online-Händler und diverse Banken an dem System, das zeitweise rund 30.000 Konten umfasste und Transaktionen im Wert von mehreren Millionen Dollar abwickelte. Das Pilotprojekt stellte die technischen Möglichkeiten von eCash unter Beweis. Während des Programms ereigneten sich weder fehlgeschlagene Transaktionen noch wurden Sicherheitsverstöße protokolliert (vgl. [15]).

Im April 2001 wurde dann jedoch vermeldet, dass die Verträge der eCash-Anwender gekündigt werden und das System eingestellt wird. Die Deutsche Bank 24 teilte dazu mit, dass das gewünschte Interesse vonseiten

---

[25] [24] nennt unter anderem folgende Beispiele für digitale Güter, die über das Internet bezogen werden (Reihenfolge gemäß Nutzung): Software wie Installationsprogramme und Updates, Zeitungsartikel und Nachrichten, Tickets z.B. für Reisen oder Konzerte, Literatur, Musik, Dienstleistungen wie Klein- und Kontaktanzeigen, Bilder und Filme.

[26] In 2002 waren nur 13,8 % der Befragten bereit, einen Preis für ein digitales Gut im Internet zu bezahlen, 2003 lag der Wert bereits bei 23,6 % und 2004 bei 33,5 % (vgl. [22], [23] und [24]).

der Kunden nicht vorhanden war. Auch ließen sich nicht mehr als 50 Händler in Deutschland für die Teilnahme gewinnen, obwohl für das Projekt intensiv geworben wurde (vgl. [10] und [18]). Als Haupthindernis wird in vielen Quellen[27] die notwendige Installation einer Software für den Betrieb von eCash angesehen. Diese Software bestand aus einem Plugin, das in den Browser des Benutzers integriert werden musste.

Beurteilung des Nutzerverhaltens

Das Beispiel der versuchten eCash-Einführung durch die Deutsche Bank 24 zeigt deutlich, woran die Prototypen von elektronischem Geld gegenwärtig scheitern. Zum einen fehlt das Interesse sowohl vonseiten der potentiellen Kunden als auch vonseiten der potentiellen Händler. Elektronisches Geld wird von der großen Mehrheit der Internet-Benutzer nicht als ernsthafte Alternative zu den etablierten Zahlungsverfahren angesehen, es erscheint vielmehr als ein Experiment, das überwiegend zu Forschungszwecken und von Computer-Freaks durchgeführt wird.

Zum anderen zeigt das gewählte Fallbeispiel deutlich, dass Systeme für die Abwicklung von Zahlungen mittels elektronischen Geldes an Kleinigkeiten scheitern können oder zumindest durch Kleinigkeiten behindert werden. Gemessen an der Vielzahl von Programmen, die von den Nutzern tagtäglich aus dem Internet heruntergeladen und auf dem eigenen Rechner installiert werden, scheint die notwendige Installation eines Browser-Plugins für die Nutzung von eCash kein Problem darzustellen. In der Praxis erwies sich jedoch gerade dies als Stolperstein für das Pilotprojekt.

5.3 Bewertung der Situation

Gemäß den Ergebnissen der IZV-Umfrage aus dem Jahr 2004 haben lediglich 12,4 % der Personen, die im Internet einkaufen, bereits schlechte Erfahrungen mit dem Bezahlen im Internet gemacht (vgl. [24]). Dies mag einen der Gründe dafür darstellen, dass das Interesse an neuen Entwicklungen wie dem elektronischen Geld aus Sicht der Entwickler zu wünschen übrig lässt. Die Zahlungsmethoden Lastschrift, Rechnung oder Kreditkarte haben sich etabliert, führen in der Praxis nur selten zu Problemen und werden daher weitgehend akzeptiert und eingesetzt.

Das durch das elektronische Geld in erster Linie adressierte Anonymitätsproblem hingegen wird von der Gesellschaft nicht als solches wahrgenommen. Dies erklärt sich in erster Linie dadurch, dass der Kunde nicht erfährt, welche seiner Daten bei den Händlern vorliegen, wie diese – gegebenenfalls mit den Daten, die von anderen Händlern erhoben wurden – verknüpft werden und vor allem, welche Schlüsse aus diesen Daten gezogen werden. Welche Größe die entsprechenden Datenbanken der Händler haben und inwieweit Auswertungswerkzeuge daraus brauchbare Ergebnisse generieren können, ist der Allgemeinheit nicht bekannt, da die Händler diese Daten selbstverständlich für sich behalten.

Gegen die Verwendung der herkömmlichen Zahlungsmethoden im Internet spricht neben der fehlenden Anonymität die Höhe der Transaktionskosten. Diese sind vor allem für kleinere Beträge nicht wirtschaftlich. Es gibt jedoch kaum Online-Anbieter, die die Transaktionskosten für die Bezahlvorgänge auf ihre Kunden

---

[27] Z.B. [39].

abwälzen, selbst Portokosten werden oft vom Händler übernommen. Das Problem ist also den meisten Kunden gar nicht bewusst. Die Händler hingegen sind von diesem Problem direkt betroffen, daraus könnte sich die Motivation ergeben, die Verbreitung elektronischen Geldes zu forcieren. Dies ist jedoch nur sehr eingeschränkt der Fall, viele Händler nehmen die zusätzlichen Kosten in Kauf, da ihnen die herkömmlichen Methoden dank der fehlenden Anonymität die Bildung von Kundenprofilen ermöglichen. Die angemessene Auswertung dieser Profile wiederum erhöht die Umsätze der Händler, so dass die Zusatzkosten kompensiert werden.

Die Schwierigkeiten bei der Einführung von elektronischem Geld bestehen jedoch nicht nur in der fehlenden Motivation, es existieren in vielen der getesteten Prototypen zusätzlich einige Schwächen, die die angestrebte Verbreitung der Zahlungsmethode behindern. Nachfolgend sollen diese Probleme kurz dargestellt werden, anschließend werden Möglichkeiten zur Akzeptanzerhöhung aufgezeigt.

Entscheidende Probleme

Wie bereits in Abschnitt 5.1 erläutert, weisen die am Markt getesteten Systeme derzeit noch diverse Nachteile auf. Es wurde allerdings auch erklärt, wie die in dieser Arbeit vorgestellten Ansätze so kombiniert werden können, dass die Nachteile der einzelnen Verfahren kompensiert werden. Eines der entscheidenden Probleme bei der Einführung von elektronischem Geld ergibt sich dadurch, dass eine derartig verbesserte[28] Lösung noch nicht bis zur Prototyp-Reife implementiert worden ist. Die in Kapitel 4 vorgestellten Systeme beispielsweise weisen beide offensichtliche Nachteile auf: NetCash gewährleistet keine hinreichende Anonymität, eCash bietet eine ungenügende Skalierbarkeit. Diese allgemein bekannten Nachteile, die auch in vielen Publikationen genannt werden, führen natürlich dazu, dass diese Systeme nicht in dem gewünschten Umfang von der Gesellschaft akzeptiert werden. Viele der potentiellen Nutzer sehen keinen Grund, ihre bisherige Zahlungsmethode zugunsten einer Alternative aufzugeben, die ebenfalls verbesserungswürdig ist.

Als weiteres Problem hat sich die Technik der Vorausbezahlung herausgestellt. Bevor man Transaktionen mittels elektronischen Geldes vornehmen kann, muss Geld von einem herkömmlichen Konto auf ein Konto für elektronische Münzen transferiert werden. Der Kunde hat also zum einen mehrere Konten zu verwalten, zum anderen sind für eine Bezahlung zwei Schritte notwendig. Zunächst muss Geld auf das Konto für elektronisches Geld übertragen werden, anschließend muss dieses an den Händler gesendet werden. Da die herkömmlichen Systeme die Bezahlung ohne den Umweg über einen eigenen Kontotyp anbieten, liegt auch hier eine Schwäche von E-Cash-Systemen vor.

Einige der Prototypen sind zudem an hohen Transaktionskosten gescheitert. Dies ist vor allem deshalb erstaunlich, weil eines der Hauptziele von E-Cash-Systemen in der signifikanten Reduktion dieser Kosten be-

---

[28] Das Wort "optimal" wird an dieser Stelle bewusst vermieden. Erst ein langjähriger Einsatz der hier behandelten Systeme wird sämtliche Probleme aufdecken, die gelöst werden müssen, um ein optimales System zu erhalten.

steht. Es erscheint einleuchtend, dass neue Systeme, deren Transaktionskosten höher sind als die korrespondierenden Kosten herkömmlicher Systeme, sich nicht durchsetzen können.[29]

Darüber hinaus zeichneten sich viele Prototypen durch umständliche Bedienung oder umfangreichen Registrierungsaufwand aus. Diese Kriterien wirken ebenso wie die notwendige Installation zusätzlicher Software einem möglichen Erfolg von neuen Systemen entgegen. Auch die Banken und die zuständigen Aufsichtsbehörden haben zum bisherigen Misserfolg von elektronischem Geld beigetragen. Auf die Vorstellung, dass sich elektronisches Geld abseits der Bankenwelt als Zahlungsmittel durchsetzen könnte, wurde teilweise negativ reagiert; Maßnahmen wie z.b. die Änderung des Kreditwesengesetztes stellten in der Prototyp-Phase von elektronischem Geld sicherlich überzogene Reaktionen dar und hemmten das Vertrauen in das neue Zahlungssystem (vgl. [30]).

Es gibt mehrere Beispiele für Entwicklungen in der Informatik, die an dem fehlenden Zusammenspiel zwischen Technik und Wirklichkeit scheitern; zu diesen Beispielen zählt das elektronische Geld. Vielfach werden ausgeklügelte Algorithmen und Systeme entwickelt, die den Anforderungen der Kunden nicht entsprechen. Das System der in Abschnitt 3.1 vorgestellten blinden Signaturen beispielsweise löst auf raffinierte Weise das Problem der Anonymität, so lange jedoch die Gesellschaft keine Forderung nach Anonymität stellt, ist nicht mit einem verbreiteten Einsatz der zugehörigen Technologie zu rechnen. Auf diese Weise sind bereits viele Verfahren, die nicht in die Wirklichkeit passen, "Opfer von Perfektionismus" [29] geworden.

Möglichkeiten zur Akzeptanzerhöhung

Fast alle im vorhergehenden Abschnitt vorgestellten Probleme stellen gleichzeitig Ansatzpunkte dar, um die Akzeptanz von elektronischem Geld zu erhöhen.

Um die wirkliche Akzeptanz der Zahlungsmethode elektronisches Geld zu testen müsste zunächst eine Lösung als Prototyp implementiert werden, die nicht die in dieser Arbeit aufgezeigten Schwächen aufweist, sondern vielmehr die Stärken der einzelnen Systeme kombiniert. Erst nach Einsatz eines solchen verbesserten Prototyps können stichhaltige Aussagen darüber getroffen werden, wie groß das Akzeptanzproblem von E-Cash-Systemen wirklich ist und ob es sich lohnt, diese Idee weiter voranzutreiben, oder ob nach anderen Lösungen gesucht werden sollte.

Die Transaktionskosten dürften in einem solchen Prototyp allerdings nicht hoch sein. Ein Pilotprojekt dieser Form macht nur dann Sinn, wenn die laufenden Kosten den voraussichtlichen Kosten im Einsatz mit einer sehr großen Nutzergruppe entsprechen, ansonsten findet der Test nicht unter realistischen Bedingungen statt und hat somit keine Aussagekraft. Außerdem werden durch hohe Transaktionskosten potentielle Nutzer abgeschreckt.

Bei der Entwicklung von Prototypen muss darüber hinaus darauf geachtet werden, dass sie nicht nur aus technischer Sicht verlockend sind; um ein System erfolgreich auf dem Markt zu etablieren, müssen auch die

---

[29] Bei kleinen Nutzerzahlen und damit bei Einführung eines Systems sind die Transaktionskosten natürlich höher als in Systemen mit vielen Nutzern. Trotzdem dürfen diese Kosten nicht unbeschränkt auf die Kunden umgelegt werden, wenn neue Nutzer gewonnen und realistische Bedingungen getestet werden sollen.

nicht-funktionalen Eigenschaften überzeugen. So ist verstärkt auf eine einfache Handhabung der Systeme zu achten und der Registrierungsvorgang darf – wenn überhaupt notwendig – nicht komplex sein. Darüber hinaus sollte nach Lösungen gesucht werden, die keine zusätzliche Hard- oder Software für die potentiellen Kunden erfordern und somit unnötige Hindernisse vermeiden.

Weiterhin kann sich ein neues System nur dann durchsetzen, wenn es auf die Erfüllung der Anforderungen, die von den Nutzern gestellt werden, zielt. Dazu ist es sinnvoll, bereits vor der Entwicklung eines Prototyps Marktanalysen durchzuführen, um die Wünsche der Kunden möglichst genau und differenziert zu erfassen. Die reine Umsetzung eines raffinierten Algorithmus ist keine Garantie für eine starke Verbreitung eines Systems.

Dies trifft im Bereich des elektronischen Geldes vor allem auf die Anforderung der Anonymität zu. Diese wird zwar von den blinden Signaturen erfüllt, sie wird allerdings vonseiten der Kunden nur sehr eingeschränkt gestellt. Ulrich Riehm vom Institut für Technologiefolgenabschätzung und Systeme in Karlsruhe stellt in [30] fest, dass Anonymität von Kunden zwar gefordert wird, wenn sie abstrakt danach gefragt werden, die Praxis jedoch zeigt, dass eine derartige Anforderung im praktischen Handeln keine große Rolle spielt. Er betont andererseits, dass die fehlende Anonymität im Internet ein ernsthaftes Problem darstellt.

Eine weitere Möglichkeit zur Akzeptanzerhöhung von elektronischem Geld stellt somit eine Forcierung des Anonymitätsproblems in der Öffentlichkeit dar. Dies ist nicht nur aus Sicht der Entwickler von E-Cash-Systemen sinnvoll – die fehlende Anonymität im Internet stellt allgemein ein stark unterschätztes Problem dar. Riehm prognostiziert in diesem Zusammenhang große Datenskandale in Verbindung mit dem Internet. Dem sollte vorgebeugt werden, indem die mangelnde Anonymität den Nutzern stärker vor Augen geführt wird. Diese Vorbeugung würde automatisch zu einer Akzeptanzerhöhung von elektronischem Geld führen.

Zusammenfassend kann also festgestellt werden, dass die Akzeptanzerhöhung von elektronischem Geld auf zwei Wegen parallel vorangetrieben werden kann: Zum einen kann durch Forcierung des Anonymitätsproblems die Motivation potentieller Nutzer erhöht werden, sich mit der Zahlungsmethode auseinanderzusetzen, zum anderen bieten die bereits eingesetzten Prototypen Verbesserungsspielraum bezüglich funktionaler und nicht-funktionaler Eigenschaften.

6   Fazit und Ausblick

Elektronisches Geld ist eine Methode zur Zahlungsabwicklung über das Internet und stellt in digitale Form umgewandeltes Bargeld dar. Die einzelnen Münzen sind Datenpakete mit einem bestimmten, weithin akzeptierten Wert und werden durch Bitfolgen repräsentiert. Diese Bitfolgen werden zum Bezahlen zwischen Kunden und Händlern eingesetzt und können bei den teilnehmenden Banken wieder in herkömmliches Geld umgetauscht werden. In der vorliegenden Arbeit wurden nur Systeme betrachtet, die ausschließlich auf Software basieren.

Die Gründe für das Interesse an diesen Systemen liegen in den Schwächen der Verfahren, die gegenwärtig überwiegend zur Zahlungsabwicklung im Internet eingesetzt werden. Dabei ist in erster Linie die fehlende Anonymität zu nennen. Im Gegensatz zu Transaktionen per Bargeld ermöglichen die momentan in der Gunst der Nutzer führenden Methoden Kreditkarte, Rechnung oder Lastschrift den Händlern die umfassende Bildung von Kundenprofilen. Diese werden insbesondere dann für Kunden undurchschaubar, wenn sie zwischen unterschiedlichen Händlern ausgetauscht werden, und können zu unvorhersehbaren Problemen führen, wenn sie falsche Informationen beinhalten. Eine weitere Schwäche der klassischen Zahlungsmethoden sind die zu hohen Transaktionskosten, die insbesondere für die Abwicklung von kleinen Beträgen (Micropayments) unwirtschaftlich sind.

Elektronisches Geld löst zum einen das Anonymitätsproblem, zum anderen lassen sich bei entsprechend hohen Nutzerzahlen die Transaktionskosten für den Transfer kleiner Beträge angemessen gering halten. Ein weiteres Problem, das sich bei der Entwicklung von Systemen für den Umgang mit elektronischem Geld ergibt, ist der Kopierschutz. Da ein Kopieren von Bitfolgen nicht verhindert werden kann, muss ein Mechanismus installiert werden, der das mehrmalige Ausgeben einer Münze mit einer bestimmten Seriennummer verhindert.

Die E-Cash-Prototypen, die bereits in Pilotprojekten getestet wurden, machen nicht von allen Möglichkeiten Gebrauch, die die verschiedenen im Zusammenhang mit elektronischem Geld entwickelten Algorithmen zur Verfügung stellen. Außerdem weisen die Prototypen teilweise eine mangelnde Skalierbarkeit auf. Bevor diese Schwächen jedoch von den Entwicklern behoben werden konnten, wurden die Prototypen aufgrund mangelnder Nachfrage eingestellt und einige der Entwicklerfirmen mussten Insolvenz anmelden. Daraus ist das entscheidende Problem von elektronischem Geld ersichtlich: Es fehlt die Akzeptanz durch die Gesellschaft.

Für größere Beträge wird nach wie vor fast ausschließlich auf Verfahren zurückgegriffen, die auch außerhalb des Internet Anwendung finden, für kleinere Beträge deutet sich eine zunehmende Bedeutung von Inkasso-Systemen an. Elektronisches Geld hingegen kann derzeit keinen nennenswerten Marktanteil verzeichnen. Die Gründe dafür liegen zum einen in den funktionalen und nicht-funktionalen Schwächen der getesteten Prototypen, zum anderen ist die fehlende Anonymität beim Einkaufen im Internet gegenwärtig nur wenigen Personen bewusst.

Die zukünftige Entwicklung im Zusammenhang mit elektronischem Geld zu prognostizieren, ist aufgrund der Geschwindigkeit, mit der sich das Internet und die damit verbundenen Technologien und Standards entwickeln, unmöglich. Ein endgültiges Aus für diese Zahlungsmethode liegt aber vermutlich trotz der von der Gesellschaft nicht angenommenen Prototypen noch nicht vor. Das liegt zum einen daran, dass der Anteil der Micropayments an dem Gesamtumsatz im Internet momentan stark ansteigt und sich dafür noch keine einheitliche Zahlungsmethode etabliert hat. Zum anderen wird das Problem der mangelnden Anonymität beim Einkaufen im Internet früher oder später von der Mehrheit der Internet-Nutzer auch als solches wahrgenommen werden – und damit wird unweigerlich das Interesse an elektronischem Geld als einzigem anonymem Zahlungsmittel im Internet steigen.

Abbildungsverzeichnis

Tabellenverzeichnis

Literatur verzeichnis

[1] Ankerst, Andrej: Bezahlverfahren im Internet. Leseprobe aus Symposion - Digitale Fachbibliothek; <http://www.verkauf-aktuell.de/fb0605.htm> (20.01.2005).

[2] Bleich, Holger; Heidrich, Joerg: Ach wie gut, dass niemand weiß ... - Wie anonym sind Internet-Nutzer wirklich? c't, Ausgabe 19 / 2002, Seite 124.

[3] Böhle, Knud; Rader, Michael; Riehm, Ulrich: Electronic Payment Systems in European Countries - Country Synthesis Report. <http://www.itas.fzk.de/deu/PROJEKT/Pez/ESTOCSRfinal991216.pdf> (20.01.2005), 1999.

[4] Brands, Stefan: Electronic Cash on the Internet. Erschienen in: Proceedings of the Internet Society 1995 Symposium on Network and Distributed Systems Security, San Diego, California; <http://haerong.hihome.com/e-cash.ps> (20.01.2005), 1995.

[5] Brands, Stefan: Electronic Cash. Erschienen in: Handbook on Algorithms and Theory of Computation, 1998, CRC Press; <http://www-cse.ucsd.edu/users/mihir/cse291-00/brands.ps> (20.01.2005), 1998.

[6] Bundesamt für Sicherheit in der Informationstechnik: Sicherheitsaspekte bei Electronic Commerce. Erschienen in: Schriftenreihe des BSI; <http://www.bsi.bund.de/literat/ecomerz/ecd.pdf> (20.01.2005), 1999.

[7] Butzlaff, Thomas; Jäger, Florian; Röber, Björn; Weber, David; Wilms, Andreas: Marktchancen von Anonymisierung - Geschäftsideen für Anbieter von Anonymisierungsdiensten. <http://www.hhl.de/fileadmin/LS/micro/Download/Butzlaff_2003_Marktchancen.pdf> (20.01.2005), 2003.

[8] Chaum, David: Security without Identification - Card Computers to make Big Brother Obsolete. <http://www.chaum.com/articles/Security_Wthout_Identification.htm> (20.01.2005), 1987.

[9] c't: Gläserne Kunden. c't, Ausgabe 6 / 2002, Seite 52.

[10] ECIN: Ende für eCash. <http://www.ecin.de/news/2001/04/09/01856/> (20.01.2005), 2001.

[11] ECIN: Alternative Zahlungssysteme fürs Internet. <http://www.ecin.de/zahlungssysteme/alternativen/> (20.01.2005), 2004.

[12] Ernst, Stefan: Bezahlen im Internet. Erschienen in: Kompass Nr. 83, Mitteilungen des Zentrums für Angewandte Informatik der Universität Köln; <http://www.uni-koeln.de/rrzk/kompass/83/wmwork/www/k83_19.html> (20.01.2005), 1999.

[13] Ewald, Gerd; Uhlig, Karin: Asymmetrische Verfahren - RSA. <http://www.regenechsen.de/krypto/rsa.php> (20.01.2005).

[14] Global Operating Systems Technology Group, Information Sciences Institute, University of Southern California: NetCash - The USC Anonymous network payment research prototype. <http://www.isi.edu/gost/info/netcash/> (20.01.2005).

[15] golem.de - IT-News für Profis: Deutsche Bank 24 bietet eCash - eCash für Online-Händler und Verbraucher. <http://www.golem.de/0003/6607.html> (20.01.2005), 2000.

[16] golem.de - IT-News für Profis: Digitale Bezahlsysteme - Das Sterben hat begonnen. <http://www.golem.de/0204/19254.html> (20.01.2005), 2002.

[17] Hartwig, Olaf; Ramm, Frederik: Signaturen, Hashfunktionen und "einfache" eCash-Verfahren. Seminararbeit im Rahmen des Teleseminars Digitales Geld am Institut für Angewandte Informatik und Formale Beschreibungsverfahren, Universität Karlsruhe; <http://www.remote.org/frederik/projects/cash/cash-4.html> (20.01.2005), 1997.

[18] heise Newsticker: Deutsche Bank 24 stellt eCash ein. <http://www.heise.de/newsticker/meldung/16934> (20.01.2005), 2001.

[19] Holden, Joshua: Blind Signatures and Secret Splitting. <http://www.rose-hulman.edu/Class/ma/holden/Duke/Math65S/blind_split/> (20.01.2005), 2000.

[20] hyperdictionary: DigiCash. <http://www.hyperdictionary.com/dictionary/DigiCash> (20.01.2005), 2003.

[21] Institut für Wirtschaftspolitik und Wirtschaftsforschung, Universität Karlsruhe: Internet-Zahlungssysteme aus Sicht der Verbraucher - Ergebnisse der Online-Umfrage IZV4. <http://www.iww.uni-karlsruhe.de/izv/pdf/izv4_auswertung.pdf> (20.01.2005), 2001.

[22] Institut für Wirtschaftspolitik und Wirtschaftsforschung, Universität Karlsruhe: Internet-Zahlungssysteme aus Sicht der Verbraucher - Ergebnisse der Online-Umfrage IZV5. <http://www.iww.uni-karlsruhe.de/izv/pdf/izv5_auswertung.pdf> (20.01.2005), 2002.

[23] Institut für Wirtschaftspolitik und Wirtschaftsforschung, Universität Karlsruhe: Internet-Zahlungssysteme aus Sicht der Verbraucher - Ergebnisse der Online-Umfrage IZV6. <http://www.iww.uni-karlsruhe.de/izv/pdf/izv6_auswertung.pdf> (20.01.2005), 2003.

[24] Institut für Wirtschaftspolitik und Wirtschaftsforschung, Universität Karlsruhe: Internet-Zahlungssysteme aus Sicht der Verbraucher - Ergebnisse der Online-Umfrage IZV7. <http://www.iww.uni-karlsruhe.de/izv/pdf/izv7_auswertung.pdf> (20.01.2005), 2004.

[25] Internet Computing online: IC online Interview - David Chaum on Electronic Commerce - How Much Do You Trust Big Brother? <http://www.computer.org/internet/v1n6/w6chaum.htm> (20.01.2005), 1997.

[26] Kelter, Udo: Datenbanksysteme I. Skript zur Vorlesung Datenbanksysteme I, Fachgruppe Praktische Informatik, Universität Siegen, Siegen, 2002, Seiten 248-250.

[27] Klein, Jutta: Digitales Geld. Seminararbeit im Rahmen des Seminars Digitale Zahlungssysteme am Institut für Rechnerentwurf und Fehlertoleranz, Universität Karlsruhe; <http://goethe.ira.uka.de/seminare/dzs/ecash/> (20.01.2005), 2000.

[28] Krempl, Stefan: eCash und Co - Das waren Kopfgeburten. heise online; <http://www.heise.de/tp/r4/artikel/7/7477/1.html> (20.01.2005), 2001.

[29] Lorenz-Meyer, Lorenz: Bezahlsysteme - Pfennigfuchser im Internet. DIE ZEIT, Ausgabe 29 / 2001.

[30] Lorenz-Meyer, Lorenz: Interview mit Ulrich Riehm - Attraktiv für Kids. DIE ZEIT, Ausgabe 29 / 2001.

[31] Medvinsky, Gennady; Neumann, B. Clifford: NetCash - A design for practical electronic currency on the Internet. <http://www.isi.edu/people/bcn/papers/pdf/9311_netcash-medvinsky-neuman-cccs93.pdf> (20.01.2005), 1993.

[32] Meinders, Eike: Elektronisches Geld III. Seminararbeit im Rahmen des Seminars Technische Grundlagen elektronischer Geschäftsbeziehungen am Fachbereich Informatik, Technische Universität Darmstadt; <http://www.informatik.tu-darmstadt.de/BS/Lehre/Sem98_99/T6/ECash3.html> (20.01.2005), 1999.

[33] Mummert + Partner: Deutsche Bank 24 - Krieg der Zahlungssysteme fordert Tribut. <http://www.mummert.de/deutsch/press/a_press_info/012505.html> (20.01.2005), 2001.

[34] Online ABC: Zahlungssysteme im Internet. <http://www.webwunder.de/asp/abc.asp?abfrage=zahlungssysteme> (20.01.2005).

[35] Papameletiou, Demosthenes: Study on Electronic Payment Systems for the Committee on Economic and Monetary Affairs and Industrial Policy of the European Parliament. <http://www.jrc.es/pages/projects/docs/Final-EPS-Vol.1.pdf> (20.01.2005), 1999.

[36] Paypal.com: PayPal <http://www.paypal.com> (20.01.2005).

[37] Peirce, Michael; O'Mahony, Donal: Scalable, Secure Cash Payment for WWW Resources with the PayMe Protocol Set. <http://www.w3j.com/1/omahony.228/paper/228.html> (20.01.2005), 1995.

[38] Pichler, Wolfgang: Certification Authority im Internet. Diplomarbeit am Institut für Gestaltungs- und Wirkungsforschung, Technische Universität Wien; <http://zwickl.ibab.tuwien.ac.at/apsm/diplarbt2/pd_5.htm> (20.01.2005).

[39] Prechelt, Lutz: Folienskript zur Vorlesung "Anwendungssysteme" - Elektronisches Bezahlen. Institut für Informatik, Freie Universität Berlin; <http://www.inf.fu-berlin.de/inst/ag-se/teaching/V-AWS-2004/33_Elektronisches-Geld.pdf> (20.01.2005), 2004.

[40] Pühl, Heidrun: Das eCash-Verfahren als Grundlage zur direkten Bezahlung von erbrachten Leistungen. Seminararbeit im Rahmen des Seminars Technische Aspekte der Kooperation von Akteuren in

Kommunikationsnetzen innerhalb des Lehrgebietes Nachrichtentechnik, FernUniversität Hagen; <http://www.fernuni-hagen.de/NT/kurse/seminar_1998/5puehl.html> (20.01.2005), 1998.

[41] Raepple, Martin: Sicherheitskonzepte für das Internet. dpunkt.Verlag, Heidelberg, 2001, Seiten 205-213.

[42] Reif, Holger: Cyber-Dollars - Elektronisches Geld im Internet. c't, Ausgabe 5 / 1996, Seite 144.

[43] Riffer, Veit; Wicke, Guntram: Sichere Zahlungssysteme im Electronic Commerce. Wirtschaftswissenschaftliches Studium WiSt, Heft 8, 1998.

[44] Robben, Matthias: Online Payment - Bleibt alles beim Alten? <http://www.ecin.de/zahlungssysteme/onlinepayment/> (20.01.2005), 2002.

[45] Rott, Christian: E-Cash - Bestandsaufnahme. Seminararbeit, Abteilung für Industrielle Betriebswirtschaftslehre, Technische Universität Wien; <http://stud1.tuwien.ac.at/~e8525020/preecash.html> (20.01.2005), 2000.

[46] Sander, Tomas; Ta-Shma, Amnon: Auditable, Anonymous Electronic Cash - Extended Abstract. <http://www.cs.tau.ac.il/~amnon/Papers/ST.crypto99.pdf> (20.01.2005), 1999.

[47] Schneppe, Ulrich: Elektronischer Zahlungsverkehr im Internet. Seminararbeit im Rahmen des Seminars Einsatz und Auswirkungen computergestützer Informationstechnologien innerhalb des Lehrgebietes Praktische Informatik I, FernUniversität Hagen; <http://ulrich.schneppe.bei.t-online.de/s1916/teil63.htm> (20.01.2005), 1998.

[48] Sietmann, Richard: Jedem seine Währung. c't, Ausgabe 10 / 2002, Seite 102.

[49] Stickel, Eberhard: E-Banking Elektronische Zahlungssysteme (Teil II). Folienskript zur Vorlesung E-Banking, Europa Universität Viadrina, Frankfurt (Oder); <http://www.wi.euv-frankfurt-o.de/lehre/eb/vorlesungen/eb9.pdf> (20.01.2005), 2004.